ゼロからスタート
ファイナンス入門

西垣鳴人［著］

創 成 社

ガイダンス〜これから学習することについて〜

　金融リテラシーという言葉をよく目にします。専門でなくてもふつうに生活していて必要になるお金あるいは金融に関わる，知っていれば生活力の向上につながるけれど知っておかないと困ったことになる基本知識・スキルのことです。経済や金融の観念的な理解ではなく，実社会で役に立つお金の管理法を，欧米では小学校から実践的に学習していて日本も倣うべきという意見があります。18歳19歳は成人ということで，運用にしてもローンにしても取引の機会は増えます。巷にあふれた金融情報に対して適切に対応をするために，金融教育がさまざまな機会に取り組まれなければならないことは確かです。

　では，大学の金融ファイナンスとリテラシーを身に着けるための金融教育は別でしょうか。たしかに金融ファイナンス系科目に限らず，経営商学系の学部で勉強することは簿記・会計の知識など実践で役立てられなければ話にならない面があります。その意味ではハイレベルのリテラシーです。

　しかし同時に，学問は原理を理解するところから出発します。ビジネスのツールとしてだけでなく，あたかも機械を分解して構造を知るように根本に立ち返って検証します。メカを分解して構造をじっくり観察し，その動くしくみを精確に理解することで自分も同じメカを作成できるようになります。近代化する以前の19世紀日本では，蒸気船をはじめとした外国で製造された高額機械を購入して，使用だけにとどまらず分解，構造を学び独自に製造できるようになりました。このステップが近代化の礎（いしずえ）になりました。

　ファイナンシャル・プランナー（FP）という金融系の資格があります。資産の運用など金融取引に関わる個人向け・企業向けのアドバイスをする仕事です。職業人としてのFPは，専門知識を原理的なところまで身に着けています。顧客へのアドバイスが可能なのは，知識を原理的なところまで理解して「自分

の言葉」にしているからです。真のリテラシーは実践的です。そうあるために原理から理解していく学問的なアプローチはたいへん重要です。私たちが進めていくのは，実践的な知識に結び付く学問的な方法です。

　科目としてのファイナンスは，個人や企業の活動のうち資金（使用目的を持ったお金）の管理・取扱い（これを「財務」と言います）を対象とする学問です。もともとファイナンスとは財務を意味する言葉で，分析対象によって大きく①個人財務に関わる分野（個人ファイナンス）と，②企業財務に関わる分野（コーポレート・ファイナンス）に分かれます。本テキストは，個人ファイナンスと企業ファイナンスの両方をゼロから学べるよう編まれています。

　まず大学1年生に身近に感じられる個人ファイナンスから始めます。そこで利回りとか資金の調達・運用，裁定取引といったコーポレート・ファイナンスでも基礎になる部分をマスターします。そして，ファイナンス的な思考法に慣れてきたところでコーポレート・ファイナンスについて基本的なところから学んでいきます。本書は，以下のような構成です。

　　第1週〜第3週；お金の基本（貨幣と利子，貯蓄と運用の違いなど）
　　第4週〜第7週；実践的な資産運用，リスクとどう向き合ったらよいか
　　第8週〜第11週；保険，借入，金融システムについて
　　第12週〜第15週；コーポレート・ファイナンスの基礎

　授業で使用することを念頭においているので，章とはせず第1週，第2週としています。1セメスター（半期）で学習する科目を想定しているため，第15週で終わります。ですが，必ずしも大学ではなく独学でファイナンスの知識を身につけたい人にも基礎づくりができるようにしています。

　2022年3月

西垣鳴人

目　次

第1週　お金（貨幣）について

1. はじめに

　ファイナンスとは財務，お金を調達（借りたり投資して貰ったり）・管理（適切に維持したりリスク対応したり）・運用（預金したり投資したり）することです。だから，お金（学問的には貨幣）について知っておくことから勉強をスタートさせるのが一番よいと思われます。

　第1週では，貨幣とはそもそも何なのか，何の役に立っているのかという問いから始めます。そしてどのようなモノが貨幣としてふさわしいか，実際に何が貨幣として使用されているのか…と話を進めていきます。

　「貨幣とは何か」という問いには，実は，完全に答えが出されたわけではありません。未だに一部の学者の間では論争が続いています。でも貨幣がどういった役割を持っているのかについては，一応の共通認識（コンセンサス）が得られています。第2節では，この貨幣の役割（価値尺度，交換手段，価値貯蔵手段）についてお話します。

　第3節では，それら貨幣の役割を果たすものとして，どういった性質のものがふさわしいのかについて考えていきます。貨幣が必要とする性質（耐久性，同質性，分割可能性など）についてもコンセンサスがあります。しかし実際に何が貨幣であるべきかについて論争は終わっていません。その論争（金属主義 vs. 名目主義）についても触れておきます。

　第4節では，現代の日本で何が貨幣として機能し流通しているかについて，「どうあるべきか」は別として，実際にお金として使われているモノが何かについてお話します。

　第5節は，貨幣についてのトピックスです。ひとつは貨幣の起源について，もうひとつは電子マネーが貨幣なのに，ビットコインなど暗号資産（仮想通貨）はなぜ貨幣と認められないのか，第1週で学んだ知識を使って考えます。

2．貨幣の役割

　お金（貨幣）には他のモノにはない特別な魅力があって，とても便利で，生活になくてはならないことを，早い人だと小学校に入る前には気付いています。人生の経験を重ねるにつれ，その大切さは深く実感されていきます。しかし，お金の重要さについて整理して考えたことはあるでしょうか。

　これからお話することは，250年前に経済学の始祖と言われるアダム・スミスが言っていることを，多少アレンジした内容です。つまり貨幣に関する学問的な認識は何世紀も前に固まっていて，あまり変化していないということです。アダム・スミスは主著『諸国民の富の本質と原因に関する研究（国富論）』の最初の方に「貨幣の起源と使用について」という章を設けています。そこで貨幣にどのような役割があり，その役割を果たすのに求められる性質（条件）について述べ，実際にその役割を果たすものとして金属貨幣が鋳造されるようになったことが歴史も交えて記されています。

　大昔でなくても貨幣が当たり前に存在しない世界を考えれば，その便利さ大切さが改めて理解されるでしょう。およそ80年前の戦後間もない頃，一応物資は配給やヤミ取引などで供給されるけれどインフレが激しすぎて貨幣が役に立たなくなった時代がありました。その頃，個人で使用するには過剰な品を交換して必要な物資を手に入れる物々交換が行われていました。異常な社会に思われるかもしれませんが，現代でも紛争地域や政治的に混乱した地域では類似した状況が存在します。

　貨幣の役割を説明するときに，私たちが日常を送っている貨幣経済と，時として現実化する物々交換社会を比較してみるのは有効な手段となります。

価値尺度（計算単位）

　取引される商品の価値は，私たちの世界では何円とか何ドルとかいったお金の「単位」すなわち「価格」で表されます。この商品の価値をお金自らの単位もしくは数量で表現することを**価値尺度**（計算単位）機能と言います。

　お金のない世界（物々交換経済）では価値尺度の役割を果たすものがないのですべての商品の価値は相対的にしか表せません。例えば，電卓・消しゴム・ボールペン・鉛筆の4商品が売られていたとしましょう。これらの価値は，電卓1台＝消しゴム20個，電卓1台＝ボールペン30本，電卓1台＝鉛筆40本，消しゴム2個＝ボールペン3本，消しゴム1個＝鉛筆2本，ボールペン3本＝鉛筆4本・・・といった具合に示され，わかりにくいです。

　これが貨幣経済なら電卓1台3,000円，消しゴム1個150円，ボールペン1本100円，鉛筆1本75円と，あらゆる商品の交換比率が絶対的な貨幣の単位に一元化されます。

　図1－1の左が物々交換経済で右が貨幣経済です。商品の数はどちらも6個ですが，線の数は価格を表すのに必要な情報量を表します。物々交換経済の場合，価格情報量は「商品数 n ×相対価格の商品数 $(n-1)$ ÷2」となります。2で割っているのは，たとえば「電卓1台＝消しゴム20個」という価値表示と

図1－1	物々交換経済と貨幣経済；必要な価格情報量

～商品の種類を n，線の数を必要な価格情報量（Info）とする～

（1）物々交換経済の価格情報量（$n=6$）　　　（2）貨幣経済の価格情報量（$n=6$）

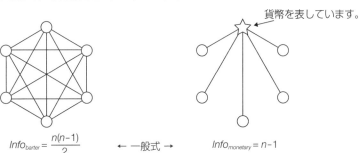

貨幣を表しています。

$$Info_{barter} = \frac{n(n-1)}{2} \qquad \leftarrow 一般式 \rightarrow \qquad Info_{monetary} = n-1$$

「消しゴム1個＝電卓1／20台」という価値表示は意味が同じだからです。商品数が「6」の場合，価格情報量は「15」になります。右側の貨幣経済において，価格情報量は貨幣以外の商品数であり，商品数「6」に対して「5」で済みます。

　貨幣は価格情報を最少化して，情報収集に必要な時間など費用を節約してくれます。さらにこの価値尺度は商品数が多くなるほど，その重要性が際立ってきます。下の設問で確認してみてください。

【演習問題1−1】

　商品数と価格情報量との関係について，下表の空欄A〜Cの数値を計算しよう。

商品数		1	2	3	4	5	…	10	…	100	…	10,000
価　格情報量	物々交換	1	1	3	6	10		A		B		C
	貨幣経済	1	1	2	3	4		9		99		9,999

コメント：価格情報量は，物々交換では加速度的に増加しますが，貨幣があると直線的にしか増加しません。

交換手段

　お金の機能で思いつくのは，上の価値尺度よりもむしろ商品を購入するときの交換に使う役割かもしれません。これについても物々交換と貨幣経済を比較してみると，貨幣の重要さが際立ってきます。

　物々交換経済でも，余った財を持ち寄って交換するような市場は存在したと考えられます。現代でも，ネットあるいはリアルのフリーマーケットで物々交換されることがあります。問題は，取引が成立するための条件です。

　第一に，自分が欲している財を売っている（出品している）人がいてくれる必要があります。第二に，その売っている人も自分が出品する財を欲しがらなければ交換は成立しません。これを欲求の二重符合（二重の一致）と言います。

　もうひとつ重要なことは，交換する二財が同等の価値を持っていることです。

そうでないと当事者のどちらかに不満が残ってしまいます。仮に等価と思えなくても妥協している部分があるかもしれません。

　一方，お金を交換手段とする貨幣経済では，値段を付けた財を誰かが買ってくれる場合，価格分の貨幣が差し出されれば受取りを拒む理由はありません。上で述べた価値尺度のおかげで等価交換が成立しているし，受取った貨幣は自分が欲しい財を購入するときに確実に交換に使えることがわかっているからです。欲求の二重符号は完全に不要です。

　以上にみた貨幣の交換機能（交換手段としての役割）は，財サービスの交換を非常にスムーズにしていることが想像できるでしょう。図示すると，

貨　幣　→　商品A　→　貨　幣　→　商品B　→　貨　幣　→　商品C　→　貨　幣

といった具合に，貨幣を媒介として交換が連鎖していきます。貨幣は商品交換を媒介させながら経済社会を流通します。実際に流通している貨幣（通貨）の何倍もの交換（経済取引）が年間を通じて行われます。

　1年間の取引額を，流通している貨幣量で割った値（一単位の貨幣が年間交換に使われた回数）のことを**流通速度**と呼んでいます。統計データによれば，先進諸国の流通速度は数倍から十数倍であることがわかっています。

価値貯蔵手段

　もうひとつ，貨幣の重要な役割が価値貯蔵手段としての機能（価値貯蔵機能）です。貨幣自体の中に，いまの交換で得た価値を次に交換されるときまで貯め込んでおいてくれる機能です。説明の便宜上，3番目に出したのだけれど重要度が3位という訳ではありません。価値貯蔵こそ貨幣のもっとも根源的な機能という考え方さえあります。

　同機能は細かく3種類に分けることができます。

　第一に「購買力の一時的住処（すみか）」といった表現が使われることもある，もっともベーシックな役割を指摘できます。購買力とは，商品を購入する能力

を意味します。たとえば1カ月間働いて得た貨幣（労働報酬）は，次の1カ月間さまざまな生活用品と交換されるまで価値を保ちます。この機能がなければ，そもそも貨幣は交換手段としての役割を果たせないし社会を流通することもできないでしょう。だからもっとも基本となる機能です。

　第二に，貨幣は安全な貯蓄手段として役立ってくれます。将来に向けて安定的に価値を貯蔵しておく機能です。これは第一に掲げたベーシックな役割を，さらに長い時間スパン（span）に拡張したケースです。貨幣は利子（→第2週）などの収益は生みません。しかし将来に向けた確実な備えとなり得ます。

　第三に挙げる機能は，多くの人にはピンと来ないかもしれませんが，株式などに投資している人には頷けると思います。簡単に言うと，証券価格が十分高くなったときに売って貨幣に替え，証券価格が十分下がって買い戻すまでの間，価値を安定的に蓄えておいてくれる貨幣の機能です。このような資産の売買チャンスをつなぐものとして貨幣を保有しようとすることを，20世紀の経済学者J.M.ケインズは投機的動機と呼びました（彼の場合，株式ではなく債券を例にしています）。この役割もファイナンスにとっては重要です。

【演習問題1－2】

　以下の文章の空欄を埋めよう。同じ記号には同じ言葉が入ります。

　 A 経済では自分が欲しい商品を売る人が同時に自分の売る商品を欲しがるという「欲求の B 」が必要だが，貨幣経済では「欲求の B 」は不要になり，交換はスムーズに連鎖していく。

　貨幣の価値貯蔵機能に関して，交換と交換をつなぐ「 C の D 」と表現される機能がなければ，貨幣は交換手段として機能しない。また将来へ価値を安定的に保って（貯蓄して）おく E としての機能や，ケインズが指摘した，今は高い F が安くなった時に投資するために価値を蓄えておく G 動機を満たす役割も価値を貯蔵する貨幣機能の一種である。

3．何が貨幣にふさわしいか

貨幣の条件

　貨幣としての役割を果たすためには一定の条件を満たす必要があります。この条件についても，アダム・スミスは言及しています。彼も述べている貨幣に不可欠の性質を観ていきましょう。

　1つ目は**耐久性**です。①流通の過程で簡単に摩耗したりせず，②長期保有の途中で腐蝕などしにくいことです。この性質は交換手段としても価値貯蔵手段としても不可欠です。

　2つ目は**同質性**，同一数量の貨幣であれば価値に相違がないことです。同質性が保たれないと，価値尺度としても交換手段としても機能しづらくなります。

　3番目が**分割可能性**です。微小な価格あるいは微細な価格差を表現できるように十分細かく分割できることです。これも価値尺度，交換手段いずれの機能にとっても重要です。

　以上は，アダム・スミスにも言及がありますが，もうひとつ**価値の安定性**を加えましょう。価値の安定とは，国内的には物価（購買力）の安定であり，対外的には外国為替レート（円とドルなど，異なる通貨同士の交換比率）の安定です。いうまでもなく価値貯蔵の役割を貨幣が果たす上で，これがないと困る性質です。インフレになれば貯金した価値が失われるし，それが著しければ働いて得た収入が1カ月の間に実質何分の一かになってしまい，とても困ります。

金属主義 vs.名目主義

　何が貨幣としてふさわしいかについて近代以来の論争があり，主なものとして金属主義と名目主義という相対立する主張があります。そこに貨幣の本質を理解するうえで大事な論点をいくつか見出すことができます。

　金属主義は，金本位制時代に主流だった立場もしくは思想です。しかし21世紀においても根強い信奉者は存在します。簡単に言うと，貨幣が財サービス

の価値尺度となれるのは貨幣自体に普遍的価値が内包されているからであり，究極的に金（GOLD）だけがその役割を果たすという主張です。

よくある誤解は，金属主義であれば金を貨幣として使用しなければならないというものです。そうではありません。紙幣など貨幣として扱われるモノも金（GOLD）に価値を裏付けられている限りにおいて，交換手段なり価値貯蔵手段として機能しえるという考え方なのです。実際に流通しているのが電子マネーであっても，仮にそれらが金に価値を裏付けられていれば一種の金本位制だし，金属主義に根差していることになります。

本質は，貨幣価値を担保するアンカーがGOLDか否かです。だから金属主義の支持者は経済社会が混乱した時に，最後に価値の拠り所となるモノは金であると主張します。たしかに経済が不安定化（もしくは世の中が混乱）したときに金価格が過去最高値を更新するということは，2020年に新型コロナの第一波がやってきたときなど，これまで何度か経験しました。

名目主義とは，貨幣として広く受け容れられるもの（一般受容性を持つモノ）はすべて貨幣となり得るとする考え方です。たとえ金であっても各種貨幣機能を果たしていなければ貨幣ではないし（現代の金は単なる商品です），逆に貨幣機能を果たしてさえいれば，人々は貨幣と認めて受け容れると名目主義は主張します。こうした主張は金本位制の時代から存在していますが，主流になったのはニクソンショック（1971年）の後，世界通貨システムの中心にあったアメリカ・ドルが金価値の裏付けを失ってからです。

名目主義の重要なポイントは，上で述べた一般受容性が得られるかどうかであり，それが得られる限りにおいて「何でもよい」ことになります。ただその一般受容性を支えるために，各国の中央銀行には金融政策を含めた多くの役割が求められています（→第11週）。

貨幣の条件に照らした各主張の検証

先に挙げておいた貨幣の条件（耐久性，同質性，分割可能性，価値の安定性）に照らして，金属主義と名目主義それぞれの正当性について検証しましょう。

　まず耐久性に関して，金は錆びにくくはありますが金貨はよく摩耗したことが伝えられています。やがて金貨は流通しなくなり，金に価値を裏付けられた紙幣などを流通させることになりました。破れたりして使えなくなった紙幣を銀行に持っていくと，一定の条件を満たすものは新札と交換してもらえます。重要な点は，金による価値の裏付けの有無ですから，この点で金属主義と名目主義の優劣はつけられません。

　同質性について，かつては同じ額面金貨における金の含有量が等しいことを意味しました。現代は同一国内あるいは同一経済圏内において，通貨一単位の購買力に差がないことと解釈できます。これも「価値の裏付け」に論点が移行すれば，金属主義か名目主義かは判断できなくなります。

　つづいて分割可能性です。日本の江戸時代でも金自体の価値が大きすぎるため，銅銭などの補助貨幣によって細かな価格を表現していました。電子情報であればいくらでも細かい単位を表示することができます。電子マネーの価値が金で担保されているかどうかが問題とすれば，分割可能かどうかも主張の優劣とは関係なさそうです。

　ここまで金属主義でも名目主義でもどちらでも問題なさそうに思われますが，4番目に挙げた**価値の安定性**がどうやら意見の分かれ目となりそうです。

　少し難しい話になりますが，金の価値を絶対的な尺度とみなす金属主義にとって，インフレも国際通貨システムが不安定化するのも，世界のお金が金価値に裏付けられていないことが根本原因と主張することになります。一方で金価値を相対的なものと考える名目主義からすれば，通貨発行量を自由にコントロールできない金本位制こそ通貨価値を不安定化させる原因そのものだとみなすことになります。

　金が価値を裏付けない代わりに，中央銀行が貨幣流通量をコントロールして価値安定化を図っている現代において（→第11週），金属主義は現実を反映していないため不利かもしれません。しかし，論争が終結したわけではありません。下記の設問をレポートにして回答してもらっても，学生の皆さんの意見はこれまで金属主義2〜3割，名目主義7〜8割といったところで割れています。

【演習問題1－3】

　あなたは上で述べた金属主義と名目主義のどちらの立場を採りますか。独自に調べたこと，そして第5節の内容も適宜参照し，合理的理由をつけて600〜800字で論述してください。

4．実際に何が貨幣なのか

マネーストックについて

　どのようなものが貨幣としてふさわしいかについて議論しましたが，では実際に貨幣として何が流通しているかみていくことにしましょう。

　マネーストック（マネーサプライ）は，各国の中央銀行（日本では日本銀行）が統計を取っている，中央銀行や金融機関から経済全体に供給されている通貨の存在量（残高）のことです。そこで定義されている通貨あるいは金融資産が，いわば公式に認められているマネーです。通貨とは，実際に流通している貨幣のことを言います。

　国によって多少定義に違いがありますが，日本の場合，もっともコアな貨幣に指定されているのがM1，それに準ずる貨幣としてM2ないしM3，それよりも幅広い貨幣概念として広義流動性が定義されています。

M1；現金通貨＋預金通貨

　マネーストックの中心に位置するカテゴリーがM1（エムワン）です。M1はそれ自体，交換手段として支払い・決済に使える通貨の合計です。構成するのは，①現金通貨〔紙幣（日本銀行券）残高 ＋ 貨幣（硬貨）流通高〕，および②預金通貨〔決済性預金 － 調査対象金融機関の保有小切手・手形〕です。②の対象となるのは，全ての預金取扱い金融機関（預金を受け入れている銀行や信用金庫・信用組合など）です。

　日本銀行は，「紙幣（日本銀行券）」と対になる概念として硬貨を「貨幣」と称します。一般的な用語法と一致しないかもしれませんが，こちらが正しい使用

法と言えます。決済性預金とは，口座振替など支払いに使える預金で，個人が保有する普通預金や企業が保有する当座預金などが該当します。

M3；M1 ＋ 定期性預金 ＋ 譲渡性預金

M1を拡張したマネーストック・カテゴリーがM3（エムスリー）です。M3はM1（現金通貨 ＋ 預金通貨）を包み，そこに準通貨（定期性預金）と譲渡性預金（CD）を加えます。対象は全ての預金取扱い金融機関になります。

定期性預金は引出し時期が定まった預金，譲渡性預金は第三者に売却可能な定期性預金を意味します。これらは交換手段として使えませんが，解約や売却によって現金や決済性預金へと比較的容易に変換できるため，マネーストックの中心に近いところに位置付けられています。同時にこれらは安定した価値貯蔵手段としても機能することも注目すべきポイントです。

ちなみにM2（エムツー）というカテゴリーもあります。その範囲はM3と同じです。ただし，ゆうちょ銀行や信用組合等の一部金融機関を対象から除外しており，M3よりも貨幣の範囲は狭くなっています。

広義流動性

M3よりも幅広いマネー概念に，広義流動性があります。

流動性という言葉の意味は多岐的です。まず①現金（Cash）そのものを指す場合，また②現金と同等かその部分的役割を果たす資産を指す場合があります。言葉の使い方として「流動性を確保する」などがあります。そしてもうひとつ重要な意味が③手数料などコストをかけずに現金化できる性質を指して言う場合があります。言葉の使用例として「この資産は流動性が高い」などがあります。この性質を意味する「流動性」は，安全性や収益性と共に投資など資産運用を行うときの三大要素に入ります。

広義流動性とは流動性が高い，容易に換金（現金化）できる種々の金融資産を包含します。具体的には上記M3に，国債や投資信託などが加えられます。第3週と第4週でさらに詳しく勉強しましょう。

【演習問題1－4】

以下の文章の空欄を埋めよう。同じ記号には同じ言葉が入ります。

マネーストックとは，_A_ や金融機関から経済全体に供給されている _B_ の存在量（_C_）を表す概念である。_B_ とは実際に流通している貨幣のことを指している。

マネーストックにおいては _D_ 通貨および預金通貨の合計が _E_ ，その _E_ に準通貨（_F_ 預金）と譲渡性預金を加えたものを _G_ （全預金取扱い金融機関が対象）としている。さらに _G_ に国債や投資信託のように市場で容易に換金できる資産を加えたものは _H_ と定義されている。

5．研究；貨幣のトピックス

以下はこれまで得た知識を使って，皆さんによる自由研究のヒントになるようなことを述べておきたいと思います。

貨幣の起源

古代の貨幣について議論するのは興味深いですね。金属のお金が鋳造される以前は，貝殻であったり羊などの家畜であったりさらには塩などが貨幣の役割を果たしていたと言われています。

アダム・スミスは「…自分自身の勤労の特定の生産物のほかに，ほとんどの人がかれらの勤労の生産物と交換するのを拒否しないだろうと考えられるような，なんらか特定の商品の一定量を，いつも手元に持っているというやり方」（大河内一男監訳『国富論Ⅰ』40頁）と表現しています。自分が経済取引する生産物とは別の，おそらくすぐに使用する予定のない，しかしながら欲求の二重符号を不要にするような「特定の商品」が，コインが登場する以前に貨幣の役割を担っていたわけです。

古代でなくてもインフレ等で社会が混乱したとき，あるいは戦争で捕虜にな

った兵士の間で，タバコが交換手段として使われている描写が小説やエッセイなどに出てくることがあります。一定数以上の人間が集まる社会では，自然発生的に「貨幣」の役割を果たす品が登場してくる・・・そんな「貨幣自然発生説」は興味深い仮説です。

　貨幣の起源に最終的な解答があるわけではないので，皆さんにも自由に批評していただきたいということで，以下に日本の貨幣の起源についての仮説を述べます。

　日本で鋳造貨幣が出現するのは古代中国から伝わった貨幣を別として，7世紀後半の飛鳥地方における富本銭からと言われています。この富本銭の登場と前後して作られなくなったのが勾玉です。勾玉は，縄文・弥生・古墳時代を通じて何千年にもわたって全国的に作成されてきた装飾・祭祀用の玉（ギョク）と言われます。それが中央集権国家による公式貨幣である富本銭が登場してくると，あたかも歴史的役割を終えたかのように姿を消します。ここからが仮説ですが「勾玉が公式貨幣の登場する以前の古代日本において何らかの（交換手段か価値貯蔵手段かはわかりませんが）貨幣機能を担っていた」というものです。

　皆さんもいろいろ仮説を立てて議論してみてはいかがでしょうか。

キャッシュレスとは

　キャッシュレスの時代と言われています。語義から「現金を使わない」時代ということですよね。スマホやICカードをかざしたりタッチしたりして支払いを済ますことだと皆さんも知っていることでしょう。

　よく似た言葉にはペーパーレスもあります。こちらは現金だけでなく株式や債券などの有価証券も紙のモノは使わないことです。さらには紙に印刷されたものは失くしてしまおうという動き全般をペーパーレス化と言います。

　キャッシュレスもペーパーレスも，要は紙の上にあった情報を電子的な情報に置き換えて取引を遂行することです。置き換わっただけなので，情報それ自体はなくなっていません。金銭的な価値ならば，それが印刷された紙幣で交換するか，スマホやカードを通して電子情報として交換するかの違いです。

　紙幣や硬貨を使う場合に比べてキャッシュレス決済は，商品を買う方も売る方も手間が少なく数え間違いのミスも少なくなります。紙の使用を減らせて環境面にもプラスの効果が望めます。金銭情報の盗難やシステム・トラブルといった安全面が強化されれば，キャッシュレスに向けた流れは止まらないものと予測されます。

　身近な日常取引に限定して，キャッシュレス決済を類型化しましょう。

　プリペイド方式は，交通系カードなどでよく使われます。現金（紙幣）と交換に金銭情報を入金したり，一定金額の商品購入で付与されたポイントが金銭情報を代替したりして支払いに使えるものです。電子マネーという呼称はプリペイド方式のキャッシュレス・カードのことをもともと指しています。

　デビット方式は，銀行などの預金口座残高とリンクした決済手段です。預金を使った口座振替などの決済は昭和の時代から存在しました。流動性預金あるいは決済性預金がM1として貨幣の一種に数えられるのは，振替などの決済に使用が可能だからです。ただ従来の振替決済には，商品の受取りと代金の支払いの間に時間的な遅れ（ラグ）が存在します。デビット方式では，商品購入と同時にカードやスマホによる情報交換によって，買い手の口座から売り手の口座へと金銭的価値が移動します。リアルタイム決済なのです。

　もうひとつのキャッシュレス決済が，クレジット方式です。これはカード会社に立て替え払いをしてもらい，後で一定期間分の支払いを銀行口座引落しによってまとめて行うものです。クレジットは現金準備がなくても買い物ができる点で便利ですが，一種の借入なので計画的利用が求められます（→第10週）。

　以上が，日本でも普及したキャッシュレス決済です。ところでビットコインに代表される暗号資産は，以上のどれにも該当しないキャッシュレス決済の一手段です。これには追加説明が必要なので，項を改めてお話しましょう。

ビットコインは貨幣ではないのか？

　かつて仮想通貨と呼ばれたビットコインがとくに有名な暗号資産ですが，どうして通貨と呼んではいけなくなったのでしょうか。たしかに暗号資産は商品

や他の通貨との交換に受け渡しされることもあるので，交換手段として機能する面があるし，もともとは為替レートを気にしないグローバル・マネーとして設計されていました。しかし，少なくとも一般的な貨幣とは同列に扱えない理由を指摘することができます。

　世界の通貨システム安定化を目指すIMF（国際通貨基金）によると，現金通貨・預金通貨・電子マネー等と，暗号資産と呼ばれるようになった仮想通貨には決定的な違いが存在すると言います。それは，前者が各国の中央銀行がそれらの発行と直接間接に係わりを持って価値のコントロールも行っているのに対して，後者は中央銀行から基本的に独立して存在している点です。各国の中央銀行の立場から考えると，発行量を管理できない暗号資産の流通を認めると，国内の物価安定を維持できなくなる危険があります。

　4つあった貨幣の条件に当てはめて暗号資産を評価してみましょう。電子的な価値情報であることから，電子マネー等と同様に耐久性や分割可能性に限界があるとは思えません。同質性に関しても，グローバルに価値の統一が図られているようです。

　問題は，価値の安定性にあります。ビットコイン（単位はBTC）を例にとると，2009年10月に誕生したときには1BTC約0.07円でしたが，11年3月に70円，13年12月には13万円まで値上がりしました。その後，33,000円（15年11月）に下がったかと思えば，17年12月には200万円を超える水準に跳ね上がりました。18年12月に再び30万円近くまで下落してから騰落を繰り返し，21年4月に690万円の最高値を記録しました。このような極端な価格変動から，ビットコインは投機の対象として人気があるのであって，価値が安定した貨幣（通貨）として需要があるわけではないと言えます。よって，ビットコインを通貨とみなすのは困難です。

暗号資産テザーと投機的動機

　少なくともよく知られたビットコインは通貨と呼ぶにふさわしくないと言えるのですが，では暗号資産のすべてがそうなのでしょうか。

　検討すべき暗号資産はいくつかあります。そのひとつが，ステーブル（安定）・コインと自称するテザー社のテザーです。ステーブル・コインというのは，円やドルといった国が発行する法定通貨に価値を連動させ，金（GOLD）などの資産を価値の裏付けとし，アルゴリズムなどの技術を使った供給調整によって価値の安定を図った一部の暗号資産を指します。例えば，1単位のテザー（1USDT）は1米ドル（USD）といった具合です。

　ステーブル・コイン・テザーが実際どのように使われているかというと，主に他の価格変動の激しい暗号資産の投機売買における「待機用資産」としての利用です。例えば，投資していたビットコインが十分値上がりしたと判断されるとき，テザーと交換して資産価値の低下を回避します。そしてビットコインが値下がりして再び上昇しそうなときに，テザーを売ってビットコインに投資するのです。米ドルではなくテザーを待機用に使う理由は，暗号資産同士だと同じブロックチェーンという技術を使用しているため，交換にコストがかからないからだと言います。

　しかし，これって100年前にJ.M.ケインズが指摘した貨幣保有の投機的動機ですよね。その意味で，テザーは価値貯蔵手段としての貨幣機能を持っていると言ってよいのかもしれません。

第2週 貨幣の需要と供給，および利子

1．はじめに

　ファイナンスの目的のひとつは，貨幣を上手に利用（証券投資など）して収益を得ることです。収益といっても配当金や値上り益などさまざまな種類があります。その多くの場合において，結果にリスク（不確実性）があることを考えなくてはなりません。しかし利子（利息，とくに銀行預金の場合）はほとんどリスクを気にしなくても手に入れられるベーシックな収益手段です。第2週は，利子および利子率がメインの話になります。

　利子とは貨幣を貸し借りするときの料金で，貸借（たいしゃく）される貨幣の金額に比例して増えたり減ったりします。貸借される金額である元本（がんぽん）に対する利子の割合が，利子率（金利）です。利子率は貨幣につけられた価格と言えます。

　一般に価格は，市場の需要と供給が等しくなる（均衡する）ように決まります。貨幣の価格である利子率も，貨幣が取引される（貸借される）市場の需要と供給が均衡するように決定されると考えればよいのです。実は，他にも利子率の決まり方はあるのですが（→第11週），まずは貨幣の需要と供給について考えていきましょう。

　ところで貨幣需要および貨幣供給という場合に，2種類の捉え方があります。ひとつは，経済全体（マクロ経済，たとえば日本一国）として貨幣需要や貨幣供給を捉える方法です。景気変動や経済成長を分析の対象とするときには，この意味で貨幣の需要と供給を捉えています。

　もうひとつは，個人や企業など個別主体の行動から金融現象を分析する場合

です。そこでは個別証券銘柄（例えばトヨタ自動車株等）の市場レベルで，貨幣の需要および供給を捉えます。

　私たちが以下で採用するアプローチも，個別証券における個別市場レベルでの話になります。授業でマクロ経済学などを並行して勉強している人は，この点を区別していただくようお願いします。

2. 貨幣の機能と保有動機

貨幣機能どうしの関係

　最初に貨幣需要の要因，すなわち人が貨幣を保有する動機について考えます。人が貨幣を必要とするのは，第１週で学んだ諸機能が貨幣に備わっているからにほかなりません。復習も兼ねて，貨幣の機能と貨幣を保有する動機について関連づけを行います。

　図２−１の左半分は，何種類かある貨幣機能の相互関係を表しています。ここでは，お金の役割としてもっとも根源的なものが**価値尺度**（諸商品の価値を表す絶対的なモノサシとしての機能）であることが示されています。貨幣に価値尺度としての機能があるからこそほかの２つ，**交換手段**と**価値貯蔵**の両機能が成り

図２−１　貨幣機能と貨幣需要の関係

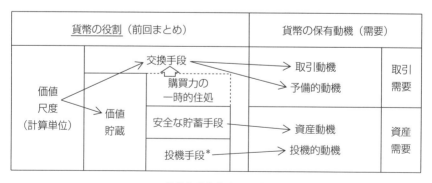

＊投機的動機を満たす手段

立つということです。

　つぎに3つに分けた価値貯蔵機能のうち，購買力の一時的住処と呼んでいる機能が，交換手段としての貨幣機能を支えていることが示されています。買い手から売り手に渡った貨幣が，次に財やサービスと交換されるまでのあいだ，それが数時間であっても数週間であっても，価値を自らに貯蔵してくれるからこそ，貨幣は世の中を流通していくことができます。

　以上に加えて，価値貯蔵の残り2機能である**安全な貯蓄手段と投機手段**（投機的動機を満たす手段）は，当面の間は交換に使わないけれど，将来いつか交換手段として使用することを想定しています。**貯蓄**とは，価値貯蔵手段として貨幣を蓄積しておくことです。貯蓄は，将来において何かの支出に備えるためにするものです。また投機手段とは，将来いずれかの時点で証券と交換することを想定した貨幣保有であると言えます。

交換手段としての貨幣に対する需要

　経済理論では貨幣需要という言葉がよく使われますが，貨幣需要とはファイナンス的に言えば「貨幣を保有する動機」です。すなわち株式や債券といった有価証券もあれば不動産のような実物資産もある中で，なぜ私たちは収益性のもっとも低い貨幣をわざわざ保有するのか，そこが問題です。

　現金は，そのまま持っていても利子も何も生み出してくれません。預金にしても銀行のウェブサイトをみれば確認できますが，100万円預けて半年で数円の利息しか付かないほど金利がゼロに近くなっています。収益性はほぼゼロと言ってよいでしょう。

　そんな超低収益の貨幣を保有する動機が生まれるのは，上にまとめたようなさまざまな機能があるからです。貨幣のさまざまな機能に対応して，貨幣の保有動機（需要）もあると考えることが妥当でしょう。この対応について，**図2−1**では左（貨幣機能）から右（保有動機）への矢印によって示されています。

　交換手段としての貨幣機能に対応するものとして，取引動機と予備的動機の2つが存在します。取引動機にもとづく貨幣需要と予備的動機にもとづく貨幣

需要とを合わせて**取引需要**ということがあります。取引需要は交換手段としての貨幣に対する需要（保有動機）です。

　個別に見ていくと，**取引動機**は日常のはっきりと予測可能な財・サービスとの交換を目的として貨幣を保有することです。一般に所得が上がると購買力が増すので，取引動機による貨幣需要は所得とともに増加する（所得の増加関数）とみなせます。

　予備的動機は，例えば予測できない出費に備えて，いわば予備的な交換手段として貨幣を保有することです。こちらは所得だけでなく不確実性の増大に伴っても上昇します。予備的動機については拡大した解釈もできます。日常取引のために少し余分に現金をATMから引き出しておくという意味だけでなくて，不確実な将来に備えて価値を貯蔵しておくという（次に述べる資産需要の）意味に解釈することもできます。これら2つの解釈ができることから，このテキストでは整理上，予備的動機を日常取引の不確実性に備える意味に限定しておきます。将来における不確実性に備える貨幣の機能は，以下に述べるように貨幣の資産需要の一部に整理したいと思います。

価値貯蔵手段としての貨幣に対する需要

　価値貯蔵手段としての貨幣機能に対応する貨幣の保有動機は，**資産需要**と言われることがあります。上で見た取引需要は，取引動機にしても予備的動機にしても，日常的な支出を目的として手元に置いておくお金なので，長期的な保有は想定していません。そのため，ファイナンスのテーマである資産運用とは区別した方がよいと考えられます。一方で資産需要はその字義の通り，貨幣を資産とみなしています。そこで考えるべきは，上でも述べましたが収益を生まない貨幣がなぜ資産として保有されるのかです。

　資産需要のうち安全な貯蓄手段としての貨幣機能に期待した部分について，主流の経済学が積極的に分析対象としてこなかったこともあって，定まった呼称はありません。先述したように予備的動機の拡大解釈として議論されるケースも少なくありません。ただ言葉をつけておかないと説明がしづらいので，仮

にですが「資産動機」としておきます。将来も価値が安定的に保たれて，いつでも交換手段になる資産として貨幣を保有することです。一般に将来の不確実性が高まるほど，利子率が低くなるほど，こうした貨幣の保有動機は高まると考えられます。次節でその理由を考えます。

もうひとつの**投機的動機**は，将来における，より有利な証券の投資機会に備えて貨幣を保有することです。やはり一般に利子率が低くなるほど，投機的動機は高まると考えられます（→第5週）。

【演習問題2－1】

以下の文章の空欄を埋めよう。同じ記号には同じ言葉が入ります。

貨幣の A と B の両機能を成り立たせているのは C （計算単位）としての役割である。 B の機能によって貨幣が購買力の D になり得るので，貨幣は A として機能する。一方， B の機能のうち安全な E や投機手段は，将来の A としての使用を想定している。

貨幣の A 機能に対応して F と G の2つの保有動機があり，合わせて H と呼ばれる。 F とは日常の I に生じる財・サービスとの交換を目的として貨幣を保有すること，また G とは J な出費に備えて多めに貨幣を保有する動機である。貨幣の B の機能に対応した保有動機としては，安全な E としての保有動機（ K ）と将来の証券投資を目的とした L とがあり，まとめて M と呼ばれることがある。

3．貨幣需要と利率決定

貨幣の産業的流通と金融的流通

第1週で，交換手段および価値貯蔵手段として機能する貨幣は，経済社会を転々と流通していくと述べました。こうした貨幣の流通には，上記した取引需要の場合と資産需要の場合とで違いが生まれます。取引需要の場合には，貨幣

との交換対象となるのは消費したり投資したりするための財やサービスです。財・サービスを交換対象として貨幣が流通していくことを**産業的流通**と呼んでいます。

資産需要の場合，貨幣が現金のまま保有されれば貨幣の流通は止まってしまいます。しかし安全な貯蓄手段として銀行預金が選択されれば，銀行を通じて企業が発行する借用証書や手形などと交換され，貨幣は生産財等へとファイナンスされていきます。投機手段として保有されていた貨幣が株式や債券などの有価証券に投資されても，同じように貨幣はフローしていくことになります。

このように，借用証書や有価証券といった金融資産を交換対象として貨幣が流通していく場合を**金融的流通**と呼びます。利子は，この金融的流通の中で生まれます。

ファイナンスの空間的／時間的捉え方

さて，ファイナンス（金融）とはどういった取引のことを言うのでしょうか。交換対象が金融資産であることは理解できると思いますが，そもそも金融資産とは何のために存在しているのでしょうか。

まず，ファイナンスを空間的に捉えるとするなら，それは余剰資金を持った黒字主体から，資金を不足させた赤字主体へと資金的な融通をすることです。ここで資金というのは，経済的な目的を伴った貨幣のことを指しています（詳しくは第3週でお話しましょう）。

次に，ファイナンスを時間的に捉えるとするなら，それは「現在の貨幣」と「将来の貨幣」を交換することです。たとえば定期預金とは，いま手元にある現金を銀行の管理・運用にゆだねて，将来利息を付けて返してもらう取引です。また銀行借入れとは，いま銀行から借りた貨幣を工場や機械に投資して，企業経営を通じて収益を生み出し，将来約束したときに収益から借りた貨幣（元本）と利子を支払う，という契約のことです。

つまり，ファイナンス（金融）とは，現在と将来という異なる時点をまたいだ**異時点間取引**と言うことができます。この現在と将来という時間的隔たりの

中ではじめて利子は生まれます。

取引需要と利子率の関係；在庫理論アプローチ

　以下では貨幣需要と（貨幣の価格である）利子率との関係について，お話していくこととします。まずは取引需要（取引動機）についてです。貨幣需要は，取引動機から利子率の減少関数（金利が上がると需要が減る関係）であることを説明できます。ここで紹介するのは，20世紀に活躍した2人の経済学者J.トービンとW.J.ボーモルによる在庫理論アプローチです。

　基本設定として，①貨幣とは現金のことであり，②初期時点で給与Y円が預金口座に振り込まれるものとします。そして③1カ月を通じて一定の消費が行われ，④物価は一定，⑤所得は給与のY円と銀行預金につく利子のみとします。以上の設定のもと，個人に与えられた選択肢は大きく2つあります。

　第一は，給与が預金口座に振り込まれたら，ただちにすべて引出す（現金化する）というものです。この場合，しかし全く利子は生まれません。

　第二は，預金した給与をN回に分けて規則的に引出す方法です。毎回の引出し額は（Y/N）円で，この場合の平均貨幣（現金）残高は（$Y/2N$）円，残った預金に利子が付きます。そこで問題は，何回に分けて引出すのが良いかです。

　現金が必要になる都度，細かく引出しを行っていくほど，銀行口座に残っている預金残高は大きくなります。預金残高に比例して，預金利息（個人の収入）も大きくなります。しかし一方で，引出しにかかる費用（手数料や銀行に出向く時間や交通費等）は，回数を増やすほど比例的に上昇します。

　また，引出さずそのまま預金していたらより多くの利子が得られたのに，現金化したことによって減少してしまった利息収入も費用とみなします。そのような他の用途に資源を回していたら得られたのに失われてしまった収入を，一般に**機会費用**と呼びます（こちらは引出し回数を増やすほど低下）。

　銀行預金を引出して貨幣（現金）を保有（需要）することに伴う総費用は，引出し自体に係る費用と機会費用の合計となります。いま1回の預金引出しにかかる費用をf円とすれば，N回の引出しにかかる費用はfN円です。利子率（1

カ月当たり）を r とすると貨幣保有の機会費用は，平均現金残高に利子率を掛けた（$rY/2N$）円です。N 回の現金引出しによる総費用は，

$$C = fN + rY/2N \qquad (2-1)$$

となります。ここで費用を最小化するような最適な引出し回数を求めるには，総費用 C を回数 N 回数で微分してゼロとおきます。すなわち，

$$dC/dN = f - rY/2N^2 = 0$$

そうすると最適引出し回数 $N*$ は（2-2）式のように求められます。

$$N* = \sqrt{rY/2f} \qquad (2-2)$$

私たちが求める個人の貨幣需要とは，費用最小化によって収益最大化を目指す個人が選択する最適な貨幣保有残高です。そのような最適貨幣残高は，平均貨幣残高（$Y/2N$）円の「N」の部分に最適値である（2-2）の右辺を代入することによって求められます。すなわち，貨幣残高（貨幣需要）；

$$Y/2N = Y/2\sqrt{rY/2f} = \sqrt{Y^2/(4rY/2f)} = \sqrt{Yf/2r} \qquad (2-3)$$

（2-3）式には，取引動機から求めた貨幣需要が，「所得 Y」と「引出し費用 f」が大きくなるほど高まり（増加関数），「利子率 r」が上昇するほど小さくなること（減少関数）が示されています。

貨幣保有の費用と便益

　貨幣（ここではとくに現金）は，手元においておいても将来まったく利子を生みません。そこで生まれるのが在庫理論アプローチでも言及されている貨幣保有における機会費用です。くり返しますが，機会費用とは（時間を含む）資源を別な用途に使用すれば得られたのに，特定の用途に使用したことによって失ってしまったもしくは減少した収益・利得のことです。いまの私たちの例で言えば，現金を国債等で運用していれば得られたのに，現金のまま手元に置いたこ

とによって失われてしまった利子（収入）を指します。

　しかし貨幣保有には機会費用の一方で，保有者へ一定の便益をもたらしてくれます。まず貨幣は，必要ならいつでも交換手段として使用できるという他の金融資産にはない便益（交換可能性）があります。在庫理論アプローチで前提されているのは，この交換可能性です。さらに，貨幣には安全な貯蓄手段としての機能があります。たしかにインフレになれば貨幣価値（購買力）は低下しますが，貨幣は価値尺度でもあるため，貨幣価値が下がれば株式や債券の実質価値も低下してしまいます。貨幣は交換可能性と安全性において他を圧倒しており，ここに収益性ではまったく他の資産に及ばない貨幣（現預金）を資産として保有する理由があります。

資産需要と利子率の関係

　人が資産を貨幣で保有するか，他の金融資産（たとえば国債）で保有するかは①国債に投資して得られる利子所得（貨幣保有の機会費用）に期待される経済的な満足（これを**効用**と呼びます）と，②貨幣保有の便益から得られる経済的な満足（効用）を比較することで，どちらの効用がより大きいかによって決定されると考えられます。ここで国債を選んだのは，貨幣と国債のどちらも国によって価値が担保されていて，安全性の点では等しいと考えられるからです。

　いま利子率 r，国債への投資金額（元本）P とすれば期待される一期間の利子収入は，rP となります。もし rP がもたらすと期待される効用（期待効用）が貨幣保有の効用を上回れば（①＞②），人は貨幣を国債に投資（あるいは過去に投資していた国債をそのまま保有）しますが，逆ならば（①＜②），人は貨幣を保持（あるいは投資していた国債を売却）するでしょう。ある人が金額 P を貨幣のまま保有する効用が，利子率 r に関わりなく不変だとすれば，利子率がある水準を超えれば，その人が利子収入 rP に期待する効用は貨幣保有の効用を超えるでしょう。

　上記①と②の効用は人によって異なると考えられますが，それでも利子率 r が高くなるほど，利子所得 rP の期待効用が貨幣保有の効用を超える人の数は

増えていくに違いありません。つまり，利子率 r が上昇するほど貨幣を保有（需要）する人は減少し，国債に投資する人は増加します。

　したがって貨幣の資産需要についても，利子率 r の減少関数と言えるのです。

市場での利子率決定

　一般に財やサービスの価格は，市場で需要と供給が均衡するような水準に決まるとされます。貨幣の価格は利子率ですから，利子率は貨幣が取引（貸借）される市場の需要（借入額あるいは調達額）と供給（貸付額あるいは運用・投資額）が均衡する水準に決まります。

　ただし経済社会で成立している利子率（もしくは金利）は，数値が偶然一致するケースは別にして，金融資産の数だけあると言ってもよいくらいです。金融資産のそれぞれに市場があり，市場ごとに需要と供給が均衡して金利が決定されるわけです。したがって，ここでの金利決定は，ある1種類の国債（以下では国債Aとします）に対する需要と供給の均衡と考えてください（国債にも実は多くの種類があります→第3週）。

　国債Aに投資（貨幣を供給）しようとする人たちと，過去に投資した国債Aを売却（貨幣を需要）しようとする人たちを想定します。

　図2－2において，国債A市場における貨幣供給（国債投資）は利子率が上昇するほど，利子所得の期待効用が増して貨幣保有の効用を上回る人が増えるので，右上がりの曲線を描くことができます。反対に，貨幣需要（国債売却）は利子率が上昇するほど減少するので，右下がりの曲線が描けます。

　こうして国債Aの利子率（後述のように正確には利回り）は，国債A市場における貨幣需要と貨幣供給が均衡する水準に決まります。

　また貨幣供給（曲線）が一定のとき貨幣需要（曲線）が増えれば（右方向に動けば），曲線同士の交わる均衡点は右上に移動します。つまり，国債に投資したい人（貨幣供給）が増えないときに国債を売りたい人（貨幣需要）が増えると，貨幣の価格である利子率は上がるわけです。反対に，売りたい人が減れば，貨

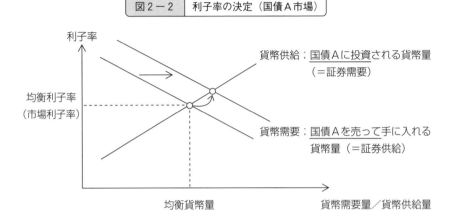

図 2 − 2　利子率の決定（国債 A 市場）

幣需要は減少して利子率は低下します。

裁定取引と利子率

　ここで注意したいことは，貨幣の価格である利子率は，国債 A が売買されている狭い市場に限定された価値なので，購買力という一国全体の通貨価値には直接の影響がないことです。

　ただし，もし隣の（例えば国債 B が売買されている）市場の利子率の方が相対的に低くなれば，国債 A に乗り換えるために国債 B を売る人（貨幣需要）が増える，ということがあります。その結果，国債 B 市場の利子率も高くなるという影響はあります。このようなより高い金利（収益機会）を求めて貨幣を移動させる**裁定取引**によって，国債 A 市場と国債 B 市場はつながります。

　実は，一国全体の貨幣価値をコントロールする中央銀行の金融政策も，市場間の裁定取引を通じて政策効果が伝播していくことを想定しています。一部の市場で実施された金融政策の効果が，裁定取引を通じて経済全体に伝播して一国の金利全般が上昇することになれば，景気の過熱を抑制することで貨幣の購買力（物価）を抑えることにつながると考えられます。

　少し発展的な話をしましたが，ここでのポイントは，国債などの金融資産を

売買することで媒介される貨幣が取引され，その供給と需要の均衡関係から，利子率が決まってくるということです。

─ 【演習問題 2 − 2】 ──────────────────

　利子率が低くなるほど，資産動機（による貨幣需要）が高まるのはなぜか，自分の言葉で，150字〜200字でまとめよう。

4．貯蓄水準の決定について

貯蓄の意味付け

　預金あるいは投資運用しようとしている現金の金額を**現在価値**，一定期間後に受取ることになる現金の金額を**将来価値**，と呼ぶことにします。もちろんこれらは黒字主体にとっての定義であって，資金を調達する赤字主体にとって現在価値はいま手に入れた現金額，将来価値はいずれ返済することになる現金額を意味します。

　個人ファイナンスにとっても赤字主体すなわち借り手の立場を考慮することは重要ですが，それについては第10週で議論しましょう。これから第9週までは，主に黒字主体の立場からお話していきます。そこでの主要なテーマは，合理的な資産運用です。政府の方針としても，今世紀初頭から「貯蓄から投資へ」というスローガンによって，債券，株式，投資信託などへの投資を想定した資産運用が強調されてきました。

　ここで基本的視点を述べます。投資を想定した資産運用のための資金は，まず貯蓄することによって初めて得られるということです。たしかにレバレッジを効かせるといって，借入れた資金を使って運用するというやり方もあります。しかし失敗すれば借金（負債）が残るだけなので，資産運用の初心者に勧められるものではありません。

　一般に，資産運用の原資となるのは，貯蓄によって蓄積されたまとまったお

金です。したがって運用すべき資産が築かれるための前提である貯蓄について，はじめにお話しておくことが適切であると思います。

所得と消費と貯蓄

　所得と消費と貯蓄の三者関係から，貯蓄については伝統的に2つの捉え方がされてきました。ひとつは所得 Y から消費 C を差し引いた残りとして貯蓄 S があるという考え方です。概念的に示したものが次式です。

$$S = Y - C \qquad (2-4)$$

　もうひとつは所得 Y から貯蓄 S を控除した残りが消費 C であるという考え方であり，概念的には次式で表されます。

$$C = Y - S \qquad (2-5)$$

（2−4）式も（2−5）式も，外見的には互いを書き換えたものにすぎません。しかしおのおのの右辺が原因で，左辺が結果という因果関係を表しているとすれば，両者の間に貯蓄スタンスの違いが見いだされます。つまり（2−4）は消費ありきで残ったお金が貯蓄だというライフスタイル，（2−5）は計画的に貯蓄を実行しておいて残金の範囲で消費するというライフスタイルです。

　合理性を追求するファイナンスは言うまでもなく（2−5）方式を採用しますが，そこでの課題は，貯蓄水準をどうやって決定するかです。

貯蓄水準の決定方法

　貯蓄水準がどのように決定されるかを見ていく前に，3つの制約要因を考えておきましょう。

　1つ目は所得 Y です。明示的に現在の所得 Y_0 としておきましょう。添え字のゼロは現在値を意味します。消費も明示的に現在の消費 C_0 としておきましょう。現在の消費は（2−5）'式のように書き直されます。

$$C_0 = Y_0 - S \qquad\qquad (2-5)'$$

ここからわかるように，現在の所得が変わらなければ，貯蓄を増やした分だけ消費は減ります。もし現在の所得が増える（減少する）ならば，消費一定でも貯蓄は増加（減少）します。所得 Y_0 は貯蓄 S の明らかな制約要因です。

　第二の制約要因は，将来の所得 Y_1 です。こちらは将来の消費を左右することになります。簡単化のため，将来は1期先だけとします。添え字1は将来（1期後）の値を示しています。

　3つ目の制約要因は，利子率 r です。貯蓄水準は一定でも，利子率が高くなればその将来価値は高まります。それによって，たとえ将来の所得 Y_1 が変わらなくても，将来の消費を増やすことができます。

　以上の制約要因を所与（与えられたもの）として，時間軸上には勤労期の現在と退職後の将来の2つしかなく，貯蓄するのは現在のみ，将来は全収入を使いきると仮定しましょう。そうすると，将来の消費 C_1 は貯蓄 S を利子率 r で運用した元利金 $S(1+r)$ と将来の（年金）所得 Y_1 の合計になります。

$$C_1 = Y_1 + S(1+r) \qquad\qquad (2-6)$$

　$(2-5)'$ を横軸，$(2-6)$ を縦軸にとって，所得と消費と貯蓄の関係をひとつに表したのが図2－3です。

　現在の所得 Y_0 と将来の所得 Y_1 を所与とすれば，現在の消費 C_0 を増やした分だけ貯蓄 S は減りますが，貯蓄の減少は将来の消費 C_1 を減らすことになります。反対に貯蓄を増やせば現在の消費 C_0 は減少しますが，将来の消費 C_1 は増やすことができます。つまり，現在の消費 C_0 とトレードオフ（片方を増やせばもう片方が減る）関係にあるのは，実は，貯蓄 S と言うよりも，将来の消費 C_1 なのです。

　現在消費と将来消費のトレードオフ関係は，図中に描かれた右下がり直線に示されています。これが**予算制約線（AB）**です。現在と将来それぞれの所得，および利子率を所与として貯蓄をコントロールしたときに選択可能になる現在

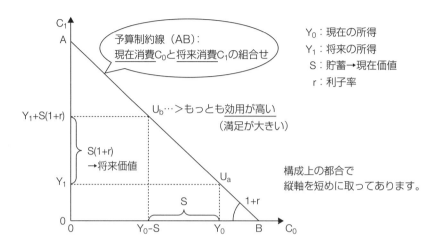

図2-3　消費と貯蓄の選択

と将来それぞれの消費の組合せを意味しています。

　予算制約線上においてUaは貯蓄をまったくしないケースです。そこで各時点の消費は各時点の所得と同額になります。Uaより左側はプラスの貯蓄が行われ貯蓄の将来価値だけ将来消費を増やします。Uaより右側はマイナスの貯蓄（所得以上の消費を行うことによる借入）が行われ，表示されていませんが，借入の将来価値だけ将来消費は減少することになります（→第10週）。

　以下では，貯蓄がプラスのケースに話を限定します。

　自分のライフプランを考えれば，たとえ現在消費と将来消費がトレードオフだったとしても，現在と将来どちらの生活も大切にしたいものです。だから私たちは，人生トータルでみた効用（消費の満足）が一番大きくなるように貯蓄をコントロールすることで，現在と将来の消費水準を調整します。

　ひとつの極端なケースはA点（現在の所得をすべて貯蓄するケース）です。ここでは将来の消費を最大化することによって，現在の生活が完全に犠牲にされています。対極にあるB点は，将来の生活が完全に犠牲となります。勤労期の現在にくらべ退職後の将来の所得水準が低下するなら，Ua点とA点の中間にあ

るどこかで効用は最大となるはずです。どこになるかは人によって異なります
が，人それぞれの効用最大化点Ubが実現されるように，貯蓄水準は決められ
るものと考えられます。

【演習問題2－3】

以下の文章の空欄を埋めよう。同じ記号には同じ言葉が入ります。

貯蓄水準は　A　と　B　の組合せから得る効用が最大となるよう決まる。
　C　から　D　を差し引いた金額が　A　で，　D　を利子率（r）で運用した金額
と　E　の合計が　B　である。

【演習問題2－4】

以下の各計算を行ってください。

ⅰ．現在の手元資金（現在価値）は50万円です。1年満期で年利2％の定
　　期預金に入れると，1年後に受け取る元利合計（将来価値）はいくら
　　でしょうか。

ⅱ．現在の手元資金（現在価値）200万円を，ある1年満期の定期預金に入
　　れると，1年後に受け取る元利合計（将来価値）が210万円になりま
　　す。年利（1年当たりの利子率）は何％でしょうか。

ⅲ．1年後に受け取る元利合計（将来価値）を180万円にしたいとき，1年
　　満期で年利20％の定期預金を利用するなら，現在の手元資金（現在価
　　値）はいくら必要ですか。

〔演習問題2－4のヒント〕

ⅰ．上の本文に倣えば割とストレートに解けます。％は×0.01で計算し，現在価値に「1＋年利×0.01」を掛けて求めます。

ⅱ．年利がわかりませんが，目の付けどころは将来価値と現在価値の差（10万円）が利息に当たることです。

ⅲ．少し難しいですが，ⅰ，ⅱと基本は同じです。「現在価値 ×（1＋年利×0.01）＝ 将来価値」という基本公式から，将来価値 ÷（1＋年利 × 0.01）と逆算すれば現在価値を求めることができます。

　資産運用について考えるとき，手元資金（現在価値）を運用したら将来価値がいくらになるかだけでなく，例えば将来一定の金額（将来価値，例えば年金など）を受け取るには，いまどれだけの手元資金（現在価値）を用意しないといけないかという「将来から現在を見る視点」を持っていることも大切です。

第**3**週　貯蓄から運用へのステップ

1. はじめに

　ここまで勉強してきたファイナンス用語について整理しましょう。

　貨幣は交換手段であると同時に，将来の経済取引を目的とした価値貯蔵手段でした。資金とは，投資など目的を持った貨幣のことです。

　まだ定義していなかったのですが，**資産**とはある程度まとまった金額の資金を投資するなどして手に入れた，将来収益をもたらすような金融商品あるいは実物商品と定義されます。**資産運用**という場合には，①資産の獲得に必要な資金を蓄積（貯蓄）していく段階，②蓄積された資金をさまざまな資産で運用する段階，という二段階があるといって良いでしょう。

　誰かから無償で譲られない限り，ある程度まとまった金額の資金を手に入れるには貯蓄が必要だと前週に述べました。話を早くするため，あなたは貯蓄や譲渡の結果すでに資産を手にしているものとしましょう。では獲得した資金をどう運用するのか，それがこれから数週間つづくテーマです。

　ひとつの選択肢として，資産をそのまま貯蓄し続けるやり方があります。ただ最近は，これがあまり合理的ではないという見方が広まってきました。長期にわたる超低金利や少子高齢化によって，公的年金だけでは老後資金が賄いきれないといった理由です。そのため銀行や政府に頼らない自助，つまり自分の力で必要なお金を獲得することが求められています。

　前週も言及しました「貯蓄から投資へ」は，財務省を中心とした日本の行政が20年来掲げてきたスローガンです。最初は，欧米に比べて質量ともに遅れているわが国金融市場の発達を促すことが主な目的でした。最近は，上で述べ

た国民に自助を求めるという切実な目的が加わり，むしろそちらが中心になったように思えます。

　資産運用には，もちろん銀行預金による貯蓄を含めることもファイナンスの観点から賢明と言えます。しかしそれだけでは十分ではない，すべて貯蓄するのではなく一定の割合を投資に向けるべきというのが「貯蓄から投資へ」です。「貯蓄をやめてぜんぶ投資せよ」ということではないので，リスクが苦手だという人もひとまず安心しておいてください。

　第3週は，資産運用の基礎固めを行います。次節では資産運用手段の分類と概要について述べ，収益とリスクの基本的な関係について解説します。3節で複利効果の話を交えた貯蓄手段について，4節で債券投資や投資信託など比較的低リスク資産への運用についてお話します。

2．貯蓄と投資

貯蓄と投資の関係

　まず，貯蓄と投資，何がどう違うのか，それぞれの意味の違いをはっきりさせておきましょう。基本的な違いを言うと，「貯蓄」が「価値の貯蔵」を目的とするのに対して，「投資」は「価値の増殖」もしくは「利殖」を目的とします。価値の増殖とは，一定の収益（儲け）を得ることです。一定の収益を得るには，一定のリスクを引き受けなければなりません。基本的に貯蓄が安全な資産運用であるのに対して，投資はリスクを伴った運用です。

　リスクの定義については，第4週できっちり行います。

　次に貯蓄と投資の関係は，貯蓄と資産運用の関係に似ています。ただ資産運用には貯蓄と投資の両方が含まれます。したがって少しだけ複雑になります。まず，貯蓄で価値を貯めておいて一定の資金を形成，形成された資金の一部を投資による価値の増殖（利殖）にまわし，残った金額をそのまま貯蓄して安定的な価値の貯蔵をつづける，という関係です。たとえば100万円の貯蓄ができたなら，50万円を株式投資にまわして残り50万円は定期預金に入れておく，

といったことです。

　ここに貯蓄と投資の割合（上例では50％・50％でしたが）をどうするかという「ポートフォリオ選択」と呼ばれる問題が生まれます。突き詰めていくと高度な話になるので，第6週まで取っておきましょう。

資産運用する手段の分類

　資産運用の具体的な手段について，貯蓄手段と投資手段，それらの中間に位置する手段に分けてお話したいと思います。

　最初に貯蓄手段とは，①安全性が高い（リスクをほとんど伴わない），しかし②収益性（つぎ込んだお金に対する儲けの割合）は低い金融資産です。日本銀行のマネーストック定義で言えば，M3（エムスリー）にカテゴライズされるような貨幣資産です（→第1週）。具体的には，現金通貨と要求払い預金（預金通貨）に定期性預金（準通貨）などが加わります。譲渡性預金（CD）もM3に入っていましたが，個人の貯蓄手段としては未だ一般化していないため，ここでは外しておきましょう。

　次に貯蓄手段と投資手段の中間に位置するような運用手段についてです。特徴は，①リスクはゼロではないが少ない，②一定の利殖が可能なことです。マネーストック定義では，M3以外の広義流動性が該当します。具体的には，国

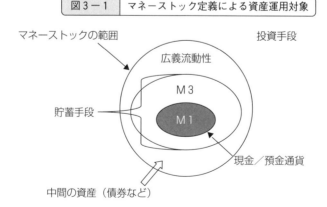

図3−1　マネーストック定義による資産運用対象

マネーストックの範囲
投資手段
広義流動性
M3
貯蓄手段
M1
現金／預金通貨
中間の資産（債券など）

債や一部リスクの低い投資信託などです。

　そして投資手段とは，①安全性は低い（リスクを伴う），②収益性の高い金融資産や実物資産です。もはやマネーストックの範疇には入りません。株式は代表的な投資手段と言えますが，運用対象として不動産・貴金属など実物資産も入ります。同じ債券でも低格付（→第7週）の社債や，投資信託でも株式投信や不動産投信は投資手段に入ってきます。

リスクとリターン

　以上にみた貯蓄手段／中間的資産／投資手段は，①安全性（リスク），②収益性（リターン）による区分です。大切なことは，①安全性と②収益性がトレードオフの関係（Aを上昇させるとBが低下し，Aを低下させるとBが上昇する関係）にある点です。一般にローリスク・ローリターンの貯蓄手段，ミドルリスク・ミドルリターンの中間的資産，ハイリスク・ハイリターンの投資手段と区分されます。リターンとは，収益率の意味で広く使われている言葉で，投入した資金額に対する収益額（儲けの金額）の割合を意味します。ただしリターンは，リスクを伴う収益率で使われることが一般的です（銀行預金のリターンみたいなことはあまり言いません）。

　第三の指標である流動性も資産運用にとって重要ですが（→第1週），いまは話を単純にしたいので後の週で触れます。

　まず銀行預金に代表される貯蓄手段は，ローリスク（低リスク）もしくはノーリスク（無リスク，リスク・フリー），収益率は利子率（元本に対する利子の割合）です。現在はほぼゼロ金利なのでさしずめノーリスク・ノーリターンといったところですが，以下でお話するときは説明がしやすいよう利子率（r）はプラスの値としておきましょう。

　運用対象が，貯蓄手段 ⇒ 中間的資産 ⇒ 投資手段となるにつれ，安全性はローリスク → ミドルリスク → ハイリスクと低下する一方，収益性はローリターン → ミドルリターン → ハイリターンと上昇します。このリスクの高まり（安全性の低下）に応じて，無リスクの利子率に上乗せされる収益部分があります。

この後しばしば登場する**リスクプレミアム**（*α*）です。リスクを反映して高くなったリターンを記号「*R*」で表すと，次式のように表現されます。

$$R = r + \alpha \qquad (3-1)$$

　リスクを取ることで，利子率よりもリスクプレミアム分だけ高い収益率を得ることができるわけです。

リスクを取る効果

　もちろんリスクは適切に管理すべきものであり，後（第6週と第7週）でじっくり議論しますが，何かと悪者扱いされるリスクの前向きな面を最初に強調しておきましょう。

　前週の図2−3を発展させたものが図3−2です。貯蓄*S*が一定でもリターンが金利*r*からプレミアム*α*の分だけ高い収益率*R*へと高まれば，貯蓄の将来

図3−2　貯蓄に対するリスクを取る効果

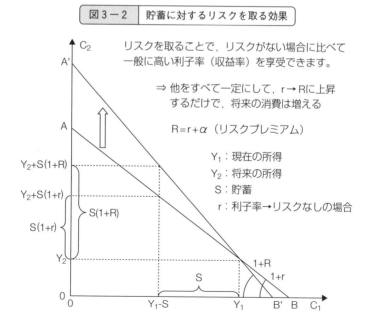

価値と共に将来の消費が高まる様子が描かれています。これを不等式で表現すると次のようになります。

$$C_1 = Y_1 + S(1+r) < C_1' = Y_1 + S(1+R) = Y_1 + S(1+r+\alpha) \quad (3-2)$$

リターンの高まりは，仮に将来の消費をとくに増やす必要がない（一定）とすれば，貯蓄を減らす選択も可能にします。貯蓄を少なくして良いということは所得など他の条件を一定とすれば，その分，現在の消費を増やしても良いということを意味します。リスクを取った分だけライフプランの可能性が広がるわけです。

【演習問題 3 − 1 】

　以下の文章の空欄を埋めよう。同じ記号には同じ言葉が入ります。

　貯蓄が A を目的とする一方，投資は B を目的とする。貯蓄手段としてはマネーストック分類の C ，中間の資産としてはマネーストック定義で言う C 以外の D があてはまる。

　リスク資産は，リスク E 分だけ F （あるいは収益率）が高い。 F が高くなれば，貯蓄が一定でも， G を増やすことができるし， G を一定として F を高くすれば，貯蓄を少なくすることで H を増やすこともできる。

3．さまざまな貯蓄型資産

　具体的な貯蓄手段（貯蓄型資産）について紹介・解説しましょう。貯蓄型資産とは「安全かつ確実に資金を貯める」ことを目的とした金融商品のことです。銀行預金をイメージしてもらえればよいのですが，これにはいくつかの基本分類があります。

預金商品の分類法

　もっとも基本的な分類として，流動性預金と定期性預金の区別があります。**流動性預金**は，価値貯蔵手段としても使えますが，交換手段としても現金同様の機能を持っていることから決済性預金あるいは預金通貨と言われます。満期がなく，いつでも出し入れ可能であることから，要求払い預金という呼ばれ方もします。**定期性預金**は，出し入れが制限された満期のある預金商品です。交換手段として使うことはできません。価値貯蔵手段としての役割に特化した預金商品と言うことができます。

　固定金利型か変動金利型か，という分類も重要です。この違いは預金に限らず融資（銀行ローン）や債券など，金利と関わるあらゆる商品に存在します。預金に話を限定すると，固定金利型預金は預入時の利子率が満期まで適用される商品です。金融緩和期のような金利が低下しつつある時期に預け入れると，高金利がその後も享受できて，有利であると言われています。一方の変動金利型は預入期間中，多くの場合は半年ごとに金利水準が見直される預金商品です。金融引締めなどで利子率が上昇しつつある時期に預け入れれば，この後もらえる利息が増えていくので，有利だと言われます。

　3つ目の分類は，単利型と複利型の違いです。単利型の預金を一般に利払い型商品と言います。この名は預入期間中，利息が定期的に支払われることに由来します。複利型の預金は，満期一括受取型商品と一般に呼ばれています。その名の示すとおり，利息が満期もしくは解約時に元本と一緒に支払われるものです。単利と複利の詳細は後述します。

具体的な預金商品

　以上の分類法に従って，具体的な銀行預金商品の性格について解説していきましょう。

　普通預金は主に個人を対象にした，もっとも普及した流動性預金です。1円以上1円単位の預け入れが可能で，いつでも制限なく換金自由です。あまり意識されないかもしれませんが，変動金利の利息が半年ごとに支払われる利払い

型の預金商品です。ただ預金残高が利息分増えるという形の利払いであるため（現金が払い出されるのではないため），実質的に複利運用されているのと変わりません。

　主に個人を対象とした流動性預金には，ほかに貯蓄預金があります。基本的性格は普通預金と変わりません。違いとして，預金残高が基準額を上回れば普通預金以上の利率が適用され，反対に基準額を下回れば普通預金かそれ以下の利率が適用されます。

　主として企業が資金決済を目的として保有する流動性預金が**当座預金**です。当座預金には利息がつかないという一般的な特徴があります。

　定期性預金で一番普及しているものは，スーパー定期です。固有名詞ではなく一般名称です。１円以上１円単位の預け入れができ，満期は１カ月から10年までのバリエーションがあります。固定金利で，満期が３年未満は利払い型（単利型）のみ，３年以上だと利払い型と満期一括受取型（複利型）のいずれかを選ぶことができます。換金（解約）はいつでもできますが，満期前に解約してしまうと通常よりも低い**中途解約利率**が適用されるので注意が必要です。

　大口定期預金はその名の通り，預け入れが1,000万円以上からとなっています。1,000万円以上なら１円単位で預け入れができます。固定金利で，満期は１カ月から10年までです。期間に関わりなく利払い型しかなく，やはり満期前の換金だと中途解約利率が適用されます。

単利と複利の本質

　前節では現在（第０期）と将来（第１期）の２期間しかない簡単化されたモデルを使って，貯蓄について考察しました。実際の貯蓄は数年数十年におよびます。そこで考慮しないといけなくなるのが，単利と複利の区別です。

　毎期，元本に対してのみ利子が計算される単利に対して，複利は元本に加えて過去の利子についても毎期の利子が計算されます。このような計算方法の違いは，預金や債券などが利払い型か満期一括受取型かの違いに由来します。

　銀行預金で単利型を利払い型商品と呼ぶことは上で述べました。多くは年利

の半分にあたる利息が半年ごとに払い出され，最初に預けた元金は一定を保ちます。複利型は満期一括払い型商品と呼ばれ，利子は半年ごとに生まれるのですが，払い出されることなく元本に組み入れられます。したがって元本は利息分だけ膨張していきます。利息に対する権利は預金者にあります。支払われてしまえば銀行の義務（債務）は果たせますが，利息を元本に組み入れると銀行の預金者への債務は利息分だけ増加することになります。銀行は，増加した債務に対して来期利子を支払う必要が生じます。これが複利を生む理由です。

　数値例を使って説明します。元本100万円として，満期2年，年利10％(0.1)，1年複利の定期預金（満期一括払い型）とします。1年経過したとき，元本100万円に対して10％の利息10万円が付きますが，10万円は払出されることなく元本100万円に加算され，110万円が新しい元本になります。さらに1年が経過した2年後の満期に，新元本110万円に対して10％の利息11万円が付きます。そして合計121万円が一括払いされることになります。

　一般化しましょう。単利においては，不変の元本Pに対してのみ毎期の利子を計算すればよいわけです。単利（利払い型預金）の将来価値は次式によって表されます。

$$F = P(1 + nr) = P + n \times rP \qquad (3-3)$$

すなわち元本Pとn回分の利子rPの合計です。これが単利計算の公式になります。$n = 2$の場合は，$F = P(1 + 2r) = P + 2rP$です。元本P；100万円，利子率r；10％(0.1)を代入すれば120万円になります。

　一方，複利は次の公式で表されます。

$$F = P(1 + r)^n \qquad (3-4)$$

これだとわかりづらいかもしれませんが，$n = 2$であれば，

$$F = P(1 + r)^2 = P + 2rP + r^2P$$

となります。

| 図3－3 | 単利と複利；利払いの比較 |

		契約時	1期後	2期後	支払合計
単　利	元　本	P →	P →	P	P+2rP
	支払い利子		rP	rP	
複　利	元　本	P →	P+rP →	P+rP	P+2rP+r²P
	支払い利子			r(P+rP) = rP+r²P	

　単利と複利の各利払いを対比したものが図3－3です。網掛け部分が各期に支払われる金額を示しています。単利と複利の違いは，契約時と満期の中間，（$n＝2$なら1期後）に起こります。ここで単利は利子を支払って元本不変ですが，複利は支払われない利子の分だけ元本が大きくなります。その結果が2期後（満期），元本の増加分（最初の利息）につく利子（孫利子；$r×rP＝r^2P$）の追加という形で現れます。以上が単利と複利の違いが商品性の違いに由来すると述べた意味です。

複利効果について

　次に資産運用において重視される複利効果についてお話します。

　複利効果とは，単利運用したときと比べて，複利運用した場合の将来価値がより大きく増大することを意味しています。すなわち利息が払い出されず，元本に組み入れられて元本が拡大していくことによって利息収入が増大する効果です。上に示した（3－3）式と（3－4）式には，同時に複利効果を増幅させる要因も見つけることができます。その要因とは運用期間nと適用金利rです。

　図3－4では当初の運用元本を100万円として，その後の資産残高の相違を4本の曲線で表しています。横軸は経過年数で縦軸は資産額（単位；万円）です。実線は単利運用の場合，破線は複利運用した場合ですが，実線も破線も細い線が利子率3％で，太い線が利子率10％です。

　利率は同じ3％でも，時間の経過とともに単利と複利の開きが拡大している

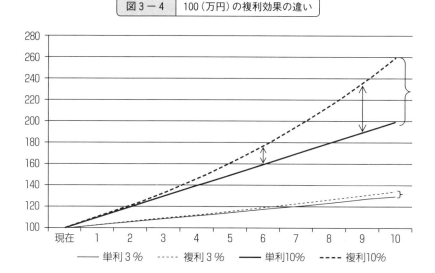

| 図3－4 | 100（万円）の複利効果の違い |

——— 単利3％　　····· 複利3％　　——— 単利10％　　----- 複利10％

ことがわかります。単利は元本と支払われた利息の合計が直線的にしか増えて
いきませんが，複利は毎期利息が元本に加算されることで利息が大きくなって
いくために，残高は加速度的に上昇します。利子率を一定とするならば，より
長期に運用した方がより大きな複利効果が得られます。

　一方で，運用年数が一定なら適用利率が高いほど複利効果が大きくなること
も示されています。時間の経過による違いは，より高い利率10％を適用した
方が顕著です。複利効果は時間の経過とともに表れるものですが，金利水準に
よってまったく違っていることが見て取れます。

　逆にほぼゼロというような低金利では，複利効果が実感できないということ
も事実です。昭和50年代（1970年代後半～1980年代前半），定期預金の金利はおよ
そ4％から7％の間で推移していました。仮に100万円を年利6％の半年複利
（半年ごとに生まれた利息を元本組入れ）で10年運用したとしましょう。半年複利の
算式は以下のとおりです。

$$1,000,000 \left[1 + 0.06 \times (1/2) \right]^{10 \times 2} = 1,806,111.2346 \cdots$$

残高は８割程度増えて180万円超の資産を手にします。さらに10年同じ条件で預ければ，当該預金者の資産残高は325万円程度にまで増加しました。つまり一定以上の高い金利水準が，かつての「一億総中流」を資産面から支えていた事実は否定できません。もちろん今の時代も，同様の複利効果を手に入れることは可能です。しかしそれには，次週以降学ぶ方法によって，私たち自身でリスクを引き受ける必要があります。

【演習問題３－２】

　以下の文章の空欄を埋めよう。同じ記号には同じ言葉が入ります。

　預金商品のうち預入期間中，定期的に利息が支払われる_A_商品に対し，_B_商品は各期の利息が元本に組み入れられ_C_で計算された利息が満期もしくは解約時に元本と一緒に支払われる。

　　　　　　　　　＊ＡやＢには「単利」「複利」以外を入れてください。

　_D_金利商品は金利が上昇しつつある時期に有利だが，_E_金利商品は金利が低下しつつある時期に有利となる。

　いつでも出し入れ可能な_F_預金に対し，出し入れに制限のある_G_預金は満期前に換金すると低めの_H_が適用される。

【演習問題３－３】

　元本10万円，期間2，利子率10％のとき，以下の計算問題を解答してください。

ⅰ．単利の場合，将来価値はいくらになるでしょうか。

ⅱ．ⅰと比べた複利効果（単利と複利の違い）はいくらになるでしょうか。

ⅲ．ⅱについて，もし利子率が20％としたら複利効果はいくらでしょうか。

４．債券への資産運用

中間的な資産運用の対象について

　ローリスク・ローリターンの貯蓄手段とハイリスク・ハイリターンの投資手段の間に，ミドルリスク・ミドルリターンの中間的な資産運用の対象があることは上でお話しました。日銀のマネーストック定義でいえば，（貯蓄資産にほぼ該当する）M3を外した広義流動性に大体当てはめることができます。

　具体的には国債，外国債，金融債，金銭の信託，金融機関発行CP（コマーシャル・ペーパー：無担保の約束手形），銀行発行の普通社債，そして投資信託です。ただ外国債や投資信託の中には部分的にハイリスクな投資手段というべきものが含まれたり，金融機関が発行するCPは一口当たりの投資金額が大きくて個人の運用対象には不向きだったりするので，それらは除外しておく必要があります。

　以下では，個人ファイナンスにとって重きをおくべき国債を中心とした債券運用について解説します。

債券の基本的な性格

　債券と一口に言っても，政府発行の国債，民間発行の社債や金融債もあれば，海外の主体が発行する外国債（政府と民間の両方）まであって，リスクもリターンもさまざまです。まず債券という金融資産の基本的性格について述べておきましょう。ここで学習する知識は，第12週から第15週までの企業金融（コーポレート・ファイナンス）を理解する上でも役立ちます。

　債券発行の目的は，借入による資金調達です。投資家は新たに発行された債券を購入することによって，発行者に融資していることになります。国が発行する国債なら中央政府に対して，企業が発行する社債なら発行会社に対して，銀行がするのと基本的に同じ原理でお金を貸し付けているのです。融資なので，借り手（政府や企業）には返済する義務があります。一方，株式にあるような経

営に参加する権利（→第4週）は，債券に投資しても与えられません。

　債券も，他の有価証券と同様，ペーパーレス化（→第1週）が完了していて，取引されているのは電子情報としての債券です。債券における電子情報の内容とは，①発行者，②発行日，③償還日，④額面（一口当たりの返済額），⑤利息額（利付債のみ）です。額面は一口当たり100円と決まっており，利息1円ならば利率1％，5円なら5％と同じ数字が使えるので便利です。

　株式など他の有価証券と共通する点として，債券は期中（発行から満期償還までの間）において，第三者に譲渡（転売）することができます。ただし，満期前に転売するときには額面とは別の市場価格で取引しなければいけなくなります。市場で売却するときに，満期償還が約束された額面（100円）よりも高く売れればよいのですが，額面よりも安くなるときもあるので注意が必要です。

債券の基本分類

　債券には非常に多くの分類方法があります。そのため債券の種類は非常に多くなります。ここでは個人ファイナンスに関連が深いと考えられる基本分類について簡単に紹介します。

　まず誰が発行しているかによって，大きく公共債と民間債に分けられます。公共債には国（財務省理財局）が発行する**国債**，地方公共団体による**地方債**の区別があります。民間債には企業が発行する**社債**の他に，一部金融機関が発行する金融債もあります。昭和から平成初期にかけて，金融債は資産運用の一大ジャンルでした。金融債に特化した投資信託まで売られ人気があったのですが，現在は個人が投資できるものがなくなってしまいました。その代わり金融機関は，一般事業会社と同様に社債を多く発行するようになっています。

　次に満期による分類です。償還までの期間が1年以内の債券を短期債，2〜5年を中期債と言い，6年以上の満期を長期債と呼んでいます。国債に話を限定すると，圧倒的に多いのが10年満期です。さらに15年，それ以上の長期におよぶ満期も存在しますが，個人の投資対象になるのは，だいたい満期10年までです。

　3番目は次週の内容と関係しますが，利付債か割引債かといった分類も重要です。**利付債**は①額面に近い価格で発行され，②毎期利払いがあり，額面金額が満期に償還される債券です。利息が固定された確定利付債と利息が変化する変動利付債があります。日本の債券でもっとも多く発行されているのが，満期10年の長期確定利付国債です。**割引債**には利払いがありません。その代わり額面より低い金額で発行され，満期に額面金額が償還される仕組みです。したがって，額面金額と発行価格（あるいは中途購入価格）との差が，いわば利息の代役を果たして収益になります。

　他に重要な区分として，新規に発行される**新発債**と過去に発行され市場取引されている**既発債**，額面や利払いが円貨の円建て債とそれらが外貨の外貨建て債といった分類もあります。

国債への資産運用

　国債は，満期まで保有する限り額面償還と利払いを国が保証している点で安全性の高い資産です。しかしながら，急に現金が必要になるなどの理由で中途売却してしまうと，時々の市場価格（株式と本質的に同じ時価）での取引となるため危険な面もあります。もっとも株価ほど大きく時価が変動するわけではないので，リスクは限定的です。

　国債に限らず債券は額面（100円）と市場価格の違いだけでなく，発行価格も（割引債，利付債ともに）額面と別個に決められています。利付債に関して言うと，額面と同じ100円で発行される場合をパー発行，100円未満で発行されるアンダー・パー発行，100円超をオーバー・パー発行と言います。

　国債は他の債券や株式などと違って，証券会社以外に銀行や郵便局で購入できるので，大変身近な運用対象となっています。ただし，購入先の金融機関に預金口座とは別に国債の口座を開設する必要があります。この口座を通じて買付，利払い，償還が行われることとなります。

　個人が購入できる国債として，新窓販国債と個人向け国債の2つについて見ていきましょう。

商品名	変動金利10年満期	固定金利5年満期	固定金利3年満期
金利設定	基準金利×0.66	基準金利−0.05%	基準金利−0.03%
金利下限	0.05%（年率）		
利子受取	半年毎に年2回		
発行頻度	年12回		

表3−1　個人向け国債の商品性比較（抜粋）

（参照）財務省ウェブサイト（2021.1.15閲覧）

　新窓販国債は中長期の固定利付国債を一般向けに売出している商品で，満期が10年，5年および2年の3種類があります。新窓販（マドハン）とは新型窓口販売方式の略です。満期が異なれば表面利率や発行価格も異なりますが，他の発行条件はすべて同じです。利払いは半年ごとに年2回，購入単位は5万円（500口）以上5万円単位で，1人当たり購入限度額は3億円となっています。

　個人向け国債には変動金利が10年，固定金利が5年と3年の3種類があり，通常国債を小口化して売り出している商品です。1万円以上1万円単位で購入できて，発行1年経過後は中途換金が可能です（ただし直前2回分の税引き前利子相当額×0.79685が控除）。

　変動金利型は実勢金利に応じて半年ごとに適用利率が見直されますが，固定型とともに年率0.05％の下限金利が設けられており，損失が回避されるようになっています。

──【演習問題3−4】──────────────────────

　以下の文章の空欄を埋めよう。同じ記号には同じ言葉が入ります。

　新窓販国債は，中長期の A 国債を一般向けに売出しているもので，10年，5年および B の3種類があり，購入単位は C 円以上 C 円単位となっている。個人向け国債は，3年と5年満期の D 型，10年満期の E 型の3種類が発行され，購入は F 円以上 F 円単位，発行して1年経過した後は G が可能である。

第**4**週　利回りとは，収益率とは

1．はじめに

　手持ちの資金を有価証券や不動産などに運用しようとするとき，指標という名のモノサシを必要とします。モノサシは自らの大切な資金を何に投資すればもっとも効率よく価値を増殖することができるか，あるいはリスクに見合った収益がえられるかどうかなどについて，判断する場合に利用します。

　金融取引の場合，おもに用いる指標は収益性，安全性（もしくは危険性），そして流動性の3つです。第4週はひとつ目の収益性指標について勉強します。2節では第3週で学んだ債券に投資する場合の「利回り」について，具体的な計算式を使った学習をします。3節ではリスクを前提とした投資手段である株式の基本的性格および収益率計算について勉強します。4節では債券・株式と並ぶ主要な資産運用対象である投資信託について解説します。

2．債券投資の利回り

収益率のバリエーション

　収益性は，一般的な言い方をすると，投入する資金に対して獲得される収益の割合ということになります。実際に用いる収益性には，これまで勉強した利子率のほかに，利回り，収益率，リターンとあり，実践において意味による使い分けがなされています。

　最初に収益率について説明しましょう。これが概念としてもっとも幅広く，利子率も，利回りも，リターンも収益率の一種と言えるからです。収益率とは

「運用される金額（現在価値）に対する1年当たりの収益（将来価値 − 現在価値）の割合」を意味します。「1年」以外もなくはないですが，「1期間当たり」である点が重要です。

収益率は分数で表されます。分母が現在価値，分子が収益（儲け，将来価値 − 現在価値）になります。計算すると小数で出てきますから，100を掛けて％表示するのが一般的です（次式，期間 $n=1$）。

$$収益率 = \frac{収　益}{運用額} \times 100 = \frac{将来価値 − 現在価値}{現在価値} \times 100 （\%）\quad(4-1)$$

リターンという場合，単に収益率の言い換えもありますが，収益（とくに将来価値の部分）にリスクを伴っていることが一般的です。リスクがメインテーマになる次週に詳しく解説しましょう。

本節の表題にもある債券等の**利回り**は，収益率計算式の分子に利子（利息）が含まれるケースです。これまで勉強した利子率は分母が元本で，分子が利子（だけ）というシンプルな形の利回りです。利回りは利子率を含みますが，利子率のほかにもさまざまな形態が存在するのです。単利の預貯金の場合は，分母は元本で分子は利子だけなので，利回りと言っても利子率と言ってもどちらでも構わないわけです（次式，期間 $n=1$）。

$$n=1 として \quad
\begin{aligned}
利回り &= \frac{（元本 + 利子）− 元本}{元　本} \times 100 \\
&= \frac{利　子}{元　本} \times 100 = 利子率 （\%）
\end{aligned}
\quad(4-2)$$

しかし，債券の場合は事情が異なります。利子率と利回りが違ってきます。それは①分子が利子に限らず，②分母も償還される元本とは一致しないからという理由です。具体例として割引債，利付債の順で見ていきます。

割引債の利回り

第3週で，債券に割引債と利付債の別があることを学びました。その違いは，利回りの「構造」に表れます。

　最初に割引債についてお話します。理由は，これが比較的に単純な構造をしているからです。割引債は額面金額より低い価格で発行され，額面金額が償還される，利払いがない債券でした。利払いがないにもかかわらず，利回りと言うのもヘンですが，額面と発行価格との「差」が約束された利子に相当するので「利回り」と呼ばれているわけです。

　利回り計算式の分子には，利子に相当するとされる額面と発行価格の差，言い方を換えれば「値上がり益」が算入されます。ただし気を付けていただきたいことは，上で述べたように，値上がり益は1期当たり（一般的には1年当たり）に直して算入しなければならないことです。期間が長くなるほど運用収益が高くなるのは当然で，投資先どうしの運用効率を公平に比較するためには同じ1期当たりの数値に直して比べる必要があるからです。たとえば発行から満期までが3年ならば額面と発行価格の差を3で割る，n年満期ならn（年）で割ります。

　利回り計算式の分母には，割引債投資にかかった金額すなわち発行価格が算入されます。期間nとすれば割引債の利回りは次のように定式化できます。

$$r = \frac{\dfrac{F-P}{n}}{P} \times 100 \left(= \frac{\dfrac{額面-発行価格}{期\ 間}}{発行価格} \times 100 \right) \qquad (4-3)$$

　お気づきのように割引債の利回りは利子率とはちがいます。分子は普通の意味での利子とちがっており，分母も償還元本ではありませんね。預貯金における利子率とは別物なのです。

　（4-3）式は新発債を満期まで保有した場合ですが，Pを購入価格，Fを売却価格とそれぞれ読み替えれば，4パターンの運用方法に対応できます。

　つまり①新発債投資→満期保有（上記式），②既発債投資→満期保有，③新発債投資→途中売却，④既発債投資→途中売却の4パターンです。同4パターンは，確定利付債においては，①応募者利回り，②最終利回り，③④所有期間利回りとそれぞれ呼称されています（後述）。

―【演習問題 4 － 1】――――――――――――――――――――

　割引債の額面を100円，発行価格80円，期間2年として，新発債を満期まで保有した場合の利回り（%）を計算してください。

確定利付債の利回り

　利付債は額面に近い価格で発行され，毎期利子が支払われる，満期には額面が償還される債券でした。額面償還が満期に行われる点は割引債と同じですが，利回り計算は少しだけ複雑になります。ちなみに利付債には確定（固定）利付債と変動利付債の別があります。後者は利率に関する不確実性（金利リスク）を伴うものです。ただ近年，わが国においては発行例に乏しいこともあって，以下は確定利付債に話を限定します。

　利回り計算の分母となる現在価値は，新発債なら発行価格，既発債なら市場での購入価格です。考え方は割引債と同じですが，発行価格はアンダー，パー，オーバーの三様があることを前週に述べました。

　割引債と決定的に違う点は，利回り計算式の分子です。利付債も収益は1期当たりの「将来価値－現在価値」ですが，将来価値 F に毎期の利息 C が加わります。新発か既発かを問わず購入価格 P_0 円として，満期か満期前かを問わず n 期後に手放すときの価格 Pn 円とすると，利付債の利回り r （無リスクを想定して利子率と同じ記号を使います）は次式になります。

$$r = \frac{C + \dfrac{P_n - P_0}{n}}{P_0} \times 100 \,(\%) \qquad (4-4)$$

　利払いは，最初から1期当たりの金額なので期間で割る必要はありません。日本では債券一口当たりの額面が100円と決まっているため，利息を金額で表しても，パーセント（%）で表しても同じ数値になります。そこから**表面利率**という別の呼び名もあります。

利付債の各種利回り

　割引債利回りのところで述べたように，（4−4）式は各変数の解釈を換えることで，異なる運用パターンに対応させることが可能です。

　直接利回りは，少し特殊ですが，（4−4）式の利息（表面利率）のみに注目して価格差部分は無視した利回りのことです（次式）。

$$r = \frac{C}{P_0} \times 100 \ (\%)$$

一見，利子率と間違えそうですが，利子率とちがって分母が元本ではなく購入価格（発行価格あるいは既発債価格）という点に注意してください。

　応募者利回りは，新発債を購入して満期まで保有する場合です。（4−4）式の購入価格は発行価格で，現金化するときの価格が満期償還される額面になります（次式）。

$$r_a = \frac{\text{表面利率} + \dfrac{\text{額 面} - \text{発行価格}}{\text{満 期}}}{\text{発行価格}} \times 100 \ (\%) \qquad (4-4-a)$$

　購入した時点で利回りを確定できる，市場の変動要因から解放されているという意味でもっともリスクが低い投資スタンスをとったときの利回りです。

　最終利回りは，既発債を市場購入し満期まで保有するときの利回りです。現金化するときの価格は応募者利回りと同じ額面ですが，購入価格が市場価格になり，期間が満期までの残存期間になります（次式）。

$$r_b = \frac{\text{表面利率} + \dfrac{\text{額 面} - \text{市場購入価格}}{\text{残存期間}}}{\text{市場購入価格}} \times 100 \ (\%) \qquad (4-4-b)$$

既発債を市場で安価に購入することができれば，高い利回りを得ることも可能です。しかし債券の場合，市場価格の低迷は利払いや額面返済が約束通りされ

ない可能性（信用リスク）が高まっているシグナルであることも多いので，気を
つける必要があります（→第7週）。

　　所有期間利回りは，新発債でも既発債でもどちらでもよいですが，満期前に
市場売却する場合です。現金化価格 P_n が市場売却価格になり，期間 n は購入
から売却までの所有期間へと変わります。次式は既発債を購入する場合を示し
ています。

$$r_c = \frac{\text{表面利率} + \dfrac{\text{市場売却価格} - \text{市場購入価格}}{\text{所有期間}}}{\text{市場購入価格}} \times 100 \ (\%) \qquad (4-4-c)$$

安く買って高く売る高利回り運用も実現可能ですが，利回り低下の危険があり，
ハイリスク（投機的）な運用方法です。

　　以上はすべて単利で計算した利回りです。海外には満期一括受取型の複利債
券もあります。複利の利回り計算は複雑ですが，日本は半年ごとに利子が払い
出される単利債券が一般的なので，以上についてマスターしておけば，実務的
には対応可能です。

【演習問題4－2】

　　額面100円，発行価格102円，表面利率5％（利子5円）の確定利付債に
ついて，以下の各利回りを求めよう。（解答は小数点以下3位を四捨五入）

ⅰ．償還期限を2年としたときの応募者利回り（％）

ⅱ．残存年数2年として，時価が90円に下落したときに購入した場合の
　　最終利回り（％）

ⅲ．残存期間2年として，時価90円で既発債を購入，満期前に時価78円
　　で売却した場合の所有期間利回り（％）

---

3. 株式投資の収益率

株式の基本的性格

投資の対象として債券と並び重要なのが，株式です。株式についても収益率ならびにリターンといった収益性指標を学ぶことになりますが，まずは株式の基本について押さえておきましょう。

株式とは，資本金を調達する目的で企業が発行する証券です。資本金とは会社の自己資本の中核であり，返済する義務を持たない自由度の高い資金，返済しなくて良いという意味で長期資金と位置付けられます。新規発行の株式を投資家が購入することによって，企業は資本金を調達することができます。企業（株式会社）から見た株式については第13週で深く掘り下げます。以下は，投資家の立場からみた株式についてです。

新規発行（新発）の株式を購入して資金運用することを**出資**と言います。銀行貸出や債券投資などの融資とちがい，出資には満期における額面償還や利払いがありません。出資するとは会社の共同所有者（内部者）となることを意味し，外部者による貸付けみたいに返済される理由はそもそもないのです。

株式には債券との共通点もあります。それは第三者との間で売買ができるという点です。とくに証券取引所での取引が認められた株式（上場銘柄と言います）の場合には，不特定多数の投資家の間で市場価格（時価）による売買が自由にできるようになります。

株主の権利

株式保有者（株主）には，額面償還や利払いなど約束された支払い（確定した将来価値）がありません。したがって債券などへの投資に比べてリスクは高くなります。株式に投資するということはリスクを引き受けるということ，言い方を換えるなら会社経営に責任を持つということなので，債券投資家にはない種々の権利が与えられています。株主の権利は，発行された株式数に対する保

有株数の割合が高いほど多くなるのですが，ここではベーシックなものについて述べておきましょう。

　株主総会議決権は，株主総会における保有株数に比例した投票権など会社経営に参加する権利を意味します。国政・地方選挙が1人1票であることと異なりますが，投資のリスクは保有株数に比例するので，より多くリスクを引き受けた人により多くの投票権があるのは理に適っていると言えます。

　利益配当請求権は，企業業績などに応じて，保有株数に比例した企業利益（当期純利益）の分配を受けられる権利です。融資者には元利金が返済されますが，会社の共同所有者である株主には，経営成果である利益が分配されます。利払いとのちがいは，投資した時に約束された金額も，最低額などの保証もなく，状況次第ではゼロ（無配）になってしまうこともあることです。会社経営におけるリスクを分かち合っているわけです。

　残余財産分配請求権は，会社が解散する（清算される）とき残った会社の資産を保有株数に応じて分配してもらえる権利です。解散にもパターンがあって，発展的に事業を解消するときなどは受取りも期待できますが，倒産した場合などは債権者に可能な限り負債を返さないといけないので株主に分配されるべき資産が残存していない可能性が高くなります。

株式投資の費用

　株式投資における最大の費用項目が，投資する株式自体の価格（株価）であることは言うまでもないでしょう。しかし，たとえばある会社の株価が1万円として，1万円があればその会社の株主になれるわけではありません。日本に限ったローカルな制度だと断っておきますが，**単元株**という最低売買単位が存在します。以前は単元千株の銘柄もあれば一株からでも買える銘柄もありましたが，2018年に単元100株へと統一されました。これは株式の買付代金として最低でも株価の100倍を準備しなければならないことを意味します。

　たとえば1万円で売買されている銘柄の買付代金は最低でも100万円が必要です。そして，その倍数の金額（200万円とか1,000万円とか）でないと投資でき

ないしくみです。手元の50万円を運用したいと思っても，さらに50万円が必要というわけですから追加的費用です。

　私たち一般の投資家は，証券会社を通じて株式の買い注文，売り注文を出します。そこで買付時と売却時の計2回，注文代金の0.1〜1％を**委託売買手数料**として証券会社に支払います。会社によってかなり開きはありますが，100万円の売買なら2千円から2万円が追加で必要になります。

　税金もかかります。配当および譲渡益には一律20.315％（復興特別税をふくむ所得税15.315％，住民税5％）が課税されます。手数料や課税は株式に限らずあらゆる金融商品売買に付随します。非課税制度であるNISA（ニーサ）や積立NISAは投資費用の節約になりますから利用するべきです。

さまざまな株式投資のリスク

　次に株式に投資したときのリスクについて考えましょう。リスクというと損失のイメージがあるかもしれません。しかし損するとわかって投資する人はいないでしょう。「損失の可能性」も「利益の可能性」も両方あるのがリスクです。損失になるか利益になるか，マイナスならマイナス，プラスならプラスでどの程度なのか現時点で確定していない状態をリスクと言うわけです。

　株式投資の主なリスクとして，配当の不確実性と，株価の不確実性があります。配当には事業の成否や経済全体の動向が影響を与えます。株価は配当自体の予測に加えて，外為レートや投資家心理などさまざまな要因で変動します。将来価格の不確実性のことを**価格リスク**と言います。

　株式投資において，価格リスクが重要になる理由は2つあります。

　ひとつは満期がない株式を換金するには市場売却するしかないために，受取金額が必ず時価に左右されることです。

　もうひとつは，たとえ売却しなくても株価変動が株主の資産価値を動かしてしまう事実です。貨幣で保有すれば100万円のままだった資産が，投資した途端，120万になったり80万になったりします。慣れないうちは，人によっては相当な心理的負担になります。

　株価が変動するだけでも初心者は一喜一憂するものですが，もっとも気をつけるべきは株式投資した会社が上場廃止になってしまう危険です。つまり市場取引ができなくなってしまうリスクです。取引所に上場する基準を満たさなくなった会社は，一定期間前の予告付きで上場が取り消されることになります。時価はゼロ近辺まで下がることが多いので，売りのタイミングを逃すと投資資金のほとんどを失ってしまうこともあります。

　株に投資する場合も債券と同様，流動性リスクには気をつけなければなりません。証券投資における**流動性リスク**とは，売りたいときにタイムリーな現金化がコストをかけずにできない可能性です。上場銘柄であっても，取引量（出来高）が急減して売りたい価格で売れなくなることがあります。投資する会社の銘柄ごとに十分な出来高（売買数量）があるかどうかは，事前にチェックしておきたいことのひとつです。

【演習問題4−3】

　以下の文章の空欄を埋めよう。同じ記号には同じ言葉が入ります。

　株式とは A を調達する目的で株式会社が発行する有価証券である。株主になると株主総会議決権（株主総会における B に比例した投票権など），利益配当請求権（ C に応じ， B に比例した配当を受取ることができる）などが与えられる。株式投資には最低取引単位である D 制度や，買付時と売却時の2回支払う E 手数料などの費用が掛かる一方で，必ず F リスクが伴う。

インカム・ゲインとキャピタル・ゲイン

　本来，株式の収益指標には上で述べたリスクが無視できないファクターですが，第一ステップとして，まずは配当も株価も正確に予想できるものと仮定しましょう。さらに単純化するために各種手数料はゼロ，非課税，そして期間1とします。

　（一株あたりの）株式投資の現在価値は，買付け時の時価（現在株価）P_0です。

一方，（1株当たり）株式投資の将来価値F_1は，投資によってもたらされる収入すなわち予想年間配当D_1と予想将来株価P_1の合計です（次式）。

$$F_1 = D_1 + P_1 \qquad (4-5)$$

株式投資の現在価値と将来価値の差である収益は，

$$(D_1 + P_1) - P_0 = D_1 + (P_1 - P_0) \qquad (4-6)$$

となります。（4-6）式の左辺からカッコの位置を一項ずらした右辺の配当D_1が**インカム・ゲイン**です。右辺カッコ内（$P_1 - P_0$）が値上がりによる**キャピタル・ゲイン**（譲渡益）です。

　インカム・ゲインとは，一般に資産保有者に対して継続的に支払われる収益のことです。債券や預貯金の利払い，投資信託の利益分配金，不動産賃料などもインカム・ゲインになります。

　保有資産の値上がりによって得られる収益は，株式をはじめ債券，投信，不動産の譲渡益などすべてキャピタル・ゲインです。

株式投資の予想収益率

　上で将来の収益は正しく予想されると仮定していますが，あくまで予想なので確定利回りなどと区別して「予想」と付けます。手数料等のコストを度外視した株式投資の予想収益率は，特定銘柄の現在株価に対する予想配当（インカム・ゲイン）と譲渡益（キャピタル・ゲイン）の合計の比率です。いま配当を一定と仮定してn期間とすれば，予想収益率Rは，

$$R = \frac{予想年間配当＋1年当たり予想譲渡益}{現在株価} \times 100$$

$$= \frac{D_1 + \dfrac{P_n - P_0}{n}}{P_0} \times 100 \quad (\%) \qquad (4-7)$$

となります。リスクのことを考えなければ各種債券利回りにおける記号の定義を替えただけの構造をしています。ここに第5週でリスク・ファクターを加え

ることとなります。

┌─【演習問題4－4】────────────────

　以下の計算をしてください。

ⅰ．期間1年として現在の株価100円（他の費用ゼロと仮定），予想年間配当
　　5円，予想将来株価115円とすると，この株の将来価値はいくらか。
ⅱ．ⅰと同じ数値で期間2年としたならば，予想収益率は何％か。

└────────────────────────

┌─【演習問題4－5】────────────────

　債券と株式の違いについて，重要だと思われる点を中心に160字以上
200字以内にまとめよう。

└────────────────────────

4．投資信託への資産運用

投資信託の基本性格

　投資信託（投信）は，比較的低リスクなものから，中には株式よりもハイリ
スクなものまでバラエティーがあります。すべての投資信託に共通するのは，
①多数の投資家から小口資金を集め，②運用の専門家が有価証券等に「分散投
資」し，③運用益を投資家に還元するというしくみです。メリットとして，個
人が直接に株式債券に投資する場合に比べ，①共同運用による小口化が可能で
あること，②専門家が管理／運用などをしてくれること，が挙げられます。
　しかしながら，ある意味もっとも重要なところですが，運用資金に関わる最
終的なリスクは投信を購入した私たち自身が引受けなければなりません。「**元
本保証がない**」ことはローリスクなものからハイリスクなものまで，すべての
投資信託に共通しています。これに関しては，購入した先が銀行であろうが郵
便局であろうが関係ないのです。

債券投資信託について

　投資信託の基本分類のひとつに，債券投資信託と株式投資信託の別があります。債券投資信託もしくは公社債投資信託は，運用対象が債券中心で，株式には一切運用しない投信のことを言います。たとえ１％でも運用対象に株式が入っている場合には，株式投資信託に分類されることになります。

　MRF（money reserve fund）は，もともと証券総合口座用に開発された商品でした。株・債券・投信といった市場性の金融商品を売買するには，銀行預金とは別に証券口座を開設する必要があります。証券総合口座は，証券会社が顧客の買付用資金を総合的に運用・管理することを目的とした口座です。同口座に入金された資金がいったん運用される先がMRFなのです。

　MRFの運用先は短期債券や格付けの高い公社債などで，投資信託の中ではもっとも低リスクと言われています。投資家が株・債券・投信等を買付けるとMRFは自動解約され，それら金融商品の買付資金となります。運用金額は１円以上１円単位，期間は無制限，そしていつでも手数料なしで換金できる高い流動性を持った金融商品と言えます。文字どおり投機的動機にもとづいて保有される広義流動性のひとつです。

　MMF（money management fund）は，短期（満期１年以内）の公社債を対象として１カ月複利（１カ月ごとに分配金に対する税金を差し引いたうえで自動的に再投資される）で運用される投資信託です。MRFよりやや高めの利回りが期待できます（MRFの口座でMMFを買いつけます）。

　MMFの運用金額および期間についてはMRFと同じですが，購入30日未満の換金は10,000円につき10円の費用がかかり，流動性はやや低くなります。

　中期国債ファンドは中期国債を運用対象とした１カ月複利の投資信託です。運用金額，期間，換金条件はMMFと同じですが，後発のMMFと商品性に大きな違いが見られないため，現在取り扱っている会社がなくなっています。

　長期公社債投資信託は，複数種類の長期国債で運用される投資信託です。買付金額は１万円以上１万円単位，期間無制限でいつでも換金が可能ですが，所定の解約手数料が必要になります。年１回収益分配（単利型）か年１回再投資

（複利型）かで選択ができます。

　繰り返しになりますが，すべての投資信託に元本保証はなく，リスクが低い商品と言っても「無リスクではない」ことに注意してください。元本割れを起こすこともありますし，利回りは常に変動します。

株式投資信託その他投信について

　公社債投資信託（債券投信）に話を限定する限り，投資信託の詳細な区別を気にする必要はなかったのですが，株式をはじめ運用対象を広げると投信のさまざまな種類について触れなければならなくなります。

　たとえば，資金を運用するシステム的な違いとして，投資信託には契約型と会社型の区別があります。

　契約型投資信託とは，商品設計を行う投資信託委託会社（委託者）が信託契約を結んだ信託銀行（受託者）に運用指図を行い，信託銀行がそれにしたがって各種市場で資金を運用するシステムです。私たち（受益者）は窓口となる証券会社や銀行等を通じて上記委託会社が発行した投資信託受益証券を購入し，運用成果の分配を受けることとなります。債券投資信託は契約型しかありませんが，株式投資信託となると次の会社型も出てきます。

　会社型投資信託では，投資の専門会社が出資証券を投資家に販売して資金を募ります。集まった資金をファンドにして，さまざまな対象に運用し，獲得した利益を投資家に分配するシステムです。日本で会社型投信といえば，オフィスやビルの不動産を運用対象としたJ-REIT（ジェイ・リート）が中心です。J-REITは取引所に上場され，株式と同様に時価で取引がされています。

　契約型投資信託のほとんどは非上場なのですが，上場され取引所で取引されているものにETF（exchange-traded fund）があります。

　運用方針による分類も重要です。**インデックス型**は市場平均（日経平均等）並みのパフォーマンスを追求するタイプで，日本で売買されるETFの多くはこの型です。**アクティブ型**は市場平均を上回るパフォーマンスを追求するハイリスク・ハイリターンな投信です。

　運用方針に関しては他の分類法もあります。**バリュー型**は割安と思われる銘柄に投資するのに対して，**グロース型**は今後の成長可能性が高い銘柄に運用するものです。

　運用対象は債券や株式などの金融資産，J-REITの不動産が個人の運用先として中心になりますが，ほかに金属や石油を運用対象とする投資信託もあります。いずれも市場で価値が変動する価格リスクを伴います。また海外資産を運用対象とする場合には，円とドルといった異なる通貨同士の交換が伴います。そのため為替レートの変動にも注意が必要になります（→ 第7週）。

【演習問題 4 － 6 】

　以下の文章の空欄を埋めよう。同じ記号には同じ言葉が入ります。

　投資信託は A 投資にかかわらず B 投資によるリスク低減などのメリットがある。一方で株式同様の C リスクが伴う。債券投資信託は債券を中心に運用する投資信託で，その一種であるMRFは D 口座として利用され，E や他の投信の F に利用される。

　計算問題が多い週でした（この傾向はしばらく続きます）。計算問題については，パターンを押さえることが大切です。演習問題に取組んで早めに慣れてしまいましょう。

第5週　リターンとリスクについて

1．はじめに

　あらためて，確実（リスクなし）と不確実（リスクあり）の違いを明確にしておきましょう。

　まず確実であるとは，結果の可能性がひとつに決まっていることです。世の中に確実なものなどひとつもないかもしれませんが，私たちは一応，国債の額面が満期償還されることを確実と考えています。

　一方で1年後の株価や為替レートはさまざまな可能性が考えられます。不確実であるとは結果の可能性が複数あることです。不確実な状態にあることを「リスクがある」と表現するわけです。気をつけなければならないことは，損失自体がリスクではないことです。損失がでることが確実な状況というのは，実はリスクがない状態を意味します。

　ところで不確実な状態を表すリスクですが，大きく分けて2種類存在しています。ひとつは**投機リスク**（speculative risk）です。現在価値に対し将来価値が増加すること（プラス）も減少すること（マイナス）も両方あるようなリスクのことです。株式投資，外国為替，先物取引などですね。このリスクには，第6週と第7週に学ぶリスク分散によって，プラスとマイナスを打ち消し合うことが，有効な対処法となります。

　もうひとつが**純粋リスク**（pure risk）です。具体的に言うなら，人生や事業の途上で遭遇する病気，事故，災害などのリスクです。その特徴は，損害（マイナス）に出会うか，出会わないで何事も起こらないかで，利得（プラス）が生じないことです。リスク分散によるプラスとマイナスの打消し合いはできませ

ん。私たちは保険に加入し，同じリスクを抱えた者同士で損失をカヴァーし合っています（第8週，第9週）。

第5週から第7週までは，投機リスクを前提にした学習になります。

資産運用で考えなければならない主な投機リスクは3種類あります。ひとつは**信用リスク**です。主に融資と関わるリスクで，例えば債券発行者（調達者）側の何らかの事情により約束された額面償還や利払いが行われない可能性です。

前週でも触れた**価格リスク**は株式投資につきものですが，債券も中途売却する場合にプラスとマイナスの両方があり得ます。円高が進んで円換算のドル資産が目減りしてしまうような**為替リスク**も，金利上昇によって資産価値が目減りしてしまう**金利リスク**も，外貨の（円で表した）価格や貨幣の価格（利子率）の変動によるものなので価格リスクに分類することができます。

やはり前週に言及した**流動性リスク**は，現金化が上手くいかない可能性です。債券にしても株式にしても，買い手がつかず売れなかったり，売れたとしても不本意な低価格でしか換金できなかったりする可能性です。

2．裁定均衡と理論価格

裁定と一物一価

株式や債券などの資産価格を理論化するとき必要になるのが，第2週にも登場した「裁定」という考え方です。裁定もしくは**裁定取引**とは，もともとはより有利な運用先を求めて市場から別の市場へと資金を移動させる行為を指します。たとえば，商品Xの価格が高い地域Aと低い地域Bがあったとしましょう。その事実を知った商人は，地域Bで商品Xを買付け地域Aで販売，価格差で利益を得ます。他の商人も追従すれば，Xの価格は地域Bで上昇し地域Aで下落します。やがて地域による価格差がなくなったところで裁定は終了，同一商品には同一価格が付く**一物一価**が成立します。裁定取引の結果として一物一価が成立した状態を**裁定均衡**といいます。

　株式などの金融商品が割高とか割安とかいう場合，裁定均衡のときの価格と比べて高ければ割高，安ければ割安と判断します。割高なら売られて価格が低下，割安なら買われて価格は上昇し，いずれも裁定均衡に至ると考えます。

　ファイナンスでは「裁定均衡における価格」を理論価格と捉えます。

安全資産の理論価格

　まず安全資産の一種である割引国債について，裁定均衡における理論価格を求めてみましょう。割引国債は発行価格 P_0 円（現在価値）で満期まで保有すれば，額面 F 円（将来価値）が償還されます。裁定取引の相手として，やはり安全資産の一種である定期預金（金利 r）を考えましょう。そして同じ金額 P_0 円（現在価値）を運用したときの「将来価値」を割引国債と定期預金とで比較しましょう。簡単化のためどちらも満期1年，他の取引条件はすべて同じと仮定します。

　仮に定期預金の元利合計（将来価値）よりも割引国債の償還額面の方が大きいとします。すなわち，

$$P_0(1 + r) < F$$

です。同じ P_0 円（現在価値）は，定期預金よりも割引国債の方が高い将来価値をもたらしています。するとどうなるでしょうか。定期預金は解約され，収益性の高い割引国債への投資が増えます。これが裁定取引です。その結果として，割引国債発行後の市場価格（運用すべき現在価値として同記号 P_0 円を用います）が上昇，やがて（5−1）式に至ります。

$$P_0(1 + r) = F \qquad (5-1)$$

この状態であれば定期預金で P_0 円を保有しても，割引国債に投資しても，将来価値に差異はないので，もはや裁定取引は行われません。したがって（5−1）式が裁定均衡の状態となります。反対に，

$$P_0(1+r) > F$$

であれば，割引国債から定期預金へとお金が流れて発行後の市場価格 P_0 は下落します。そしてやはり定期預金で運用しても割引国債に投資しても，将来価値が同じになる（5−1）式で表される裁定均衡に至ります。

ここで（5−1）の両辺を $(1+r)$ で割れば，次の（5−2）式を得ます。

$$P_0 = \frac{F}{1+r} \qquad\qquad (5-2)$$

この裁定均衡における価格が，割引国債の理論価格とみなされます。

この将来価値を $(1+r)$ で割って現在価値（すなわち理論価格）を求めることを利子率 r で割引くと言います。ここで割引くのに用いられた利子率のことを，とくに**割引率**と言います。将来価値を割引いて計算された現在価値のことを，とくに割引現在価値と呼ぶことがあります。

以上は簡単化のため満期（期間）1年としましたが，期間が1を超える場合は単利と複利の区別が必要です。n 期間であれば以下の通りです。

$$単利；P_0(1+nr) = F \Rightarrow P_0 = \frac{F}{1+nr} \qquad (5-2a)$$

$$複利；P_0(1+r)^n = F \Rightarrow P_0 = \frac{F}{(1+r)^n} \qquad (5-2b)$$

とくに複利の場合，年利率 r で半年複利，3カ月複利という定期預金あるいは有価証券が取引きされています。それぞれの計算式は以下のようになります。

$$半年複利；P_0\left(1+\frac{1}{2}r\right)^{2n} = F \Rightarrow P_0 = \frac{F}{\left(1+\frac{1}{2}r\right)^{2n}} \qquad (5-2b-1)$$

$$3カ月複利；P_0\left(1+\frac{1}{4}r\right)^{4n} = F \Rightarrow P_0 = \frac{F}{\left(1+\frac{1}{4}r\right)^{4n}} \qquad (5-2b-2)$$

以上は将来価値の構造がもっとも単純な割引債の例を用いました。安全資産

一般に広げた場合，2点考慮が必要になります。

　第一は，将来価値の中身が替わることです。確定利付債では将来価値として利息が加わります。

　第二は，期間が1を超える場合に将来価値を構成する額面や利息を各々期間分だけ個別に割引く必要がある点です。たとえば，期間2年で1年ごとに利息 C 円が支払われて満期に額面 F が償還される確定利付国債（単利）の割引現在価値 P_0 は，

$$P_0 = \frac{C}{1+r} + \frac{C+F}{1+2r} \qquad (5-2a-1)$$

となります（2年後の利息は額面償還と同時に支払われる）。期間 n に一般化すると現在割引価値（単利）は次式のように表せます。

$$P_0 = \frac{C}{1+r} + \frac{C}{1+2r} + \frac{C}{1+3r} + \cdots + \frac{C+F}{1+nr} \qquad (5-2a-2)$$

初心者にとっては多少複雑な印象でしょうか。類似した構造の割引現在価値は企業の投資プロジェクト評価にも登場します（→第14週）。そこでもう一度，深掘りした議論をしたいと思います。

理論株価（株式の理論価格）

　リスク資産を代表して株式の理論価格を考えます。やはり裁定均衡から導出しますが，そもそも株価の裁定均衡とはどういったものでしょうか。

　特定の企業銘柄Xに平均的な投資家が望む収益率 R_x は，利子率 r とリスクプレミアム α_x の合計 $(r+\alpha_x)$ になります。リスクを伴うから貨幣を運用するにはプレミアムが付かなければ割に合わないからです。一方，実際の収益率は前週の（4-7）式になります。

$$R = \frac{予想年間配当＋1年当たり予想譲渡益}{現在株価} \times 100$$

$$= \frac{D_1 + \dfrac{P_n - P_0}{n}}{P_0} \times 100 \quad (\%) \qquad (4-7再掲)$$

　以下では，また簡単化のため期間1としておきましょう。いま仮に，

$$R_x = r + \alpha_x < \frac{D_1 + P_1 - P_0}{P_0}$$

つまり平均的投資家が期待する収益率（$R_x = r + \alpha_x$）よりも予想される収益率（株価P_0に対する「インカムゲインD_1とキャピタルゲイン（$P_1 - P_0$）」の比率）の方が高かったとします。それが何を意味するのか。分数は分母が小さいほど，分子のマイナス項が小さいほど大きくなります。すなわち現在株価P_0が平均的な投資家の期待する収益率（$r + \alpha_x$）を実現するより安い状態（割安）になっていることを意味します。その結果，銘柄Xの需要（買い）が供給（売り）を上回って株価P_0は騰貴します。反対に，

$$R_x = r + \alpha_x > \frac{D_1 + P_1 - P_0}{P_0}$$

であれば，株価P_0は平均的な投資家に割高とみなされ，売られて下落します。結局のところ，不等号がどちら向きであっても，

$$R_x = r + \alpha_x = \frac{D_1 + P_1 - P_0}{P_0} \qquad (5-3)$$

となるまで裁定取引が続き裁定均衡に至ります。

　ここで（5-3）式を株価P_0イコールの式に書き直します。すると次式で表される株式の理論価格（理論株価）が導けます。

$$P_0 = \frac{D_1 + P_1}{1 + R_x} = \frac{D_1 + P_1}{1 + r + \alpha_x} \qquad (5-4)$$

理論株価は，予想される将来価値（$D_1 + P_1$）を，平均的投資家が期待する収益率（$R_x = r + \alpha_x$）によって割引いた値になります。（5-4）式からは，予想される配当や将来株価が高く（低く）なれば株価は騰貴（下落）すること，利子率やリスクが上昇（低下）すれば下落（騰貴）すること，そのような基本的関係を確認することができます。

　参考までに，期間nに一般化して，銘柄Xの現在割引価値（配当は1期後の値が変化しないと仮定）は次式のように表せます。

$$P_0 = \frac{D_1}{1+R_x} + \frac{D_1}{(1+R_x)^2} + \frac{D_1}{(1+R_x)^3} + \cdots + \frac{D_1+P_n}{(1+R_x)^n} \qquad (5-4)'$$

（5−2a−2）式と似た形になっていますが複利になっている理由と併せて第13週で深掘りしようと思います。

〈再論〉投機的動機

　第2週において，資産動機にもとづく貨幣需要は利子率の減少関数（利子率が低くなるほど証券を売って貨幣を手に入れる注文が増える）といった話をしました。同じ第2週で述べた投機的動機にもとづく貨幣需要についても，（5−2）式や（5−4）式を使った説明ができます。

　安全資産の理論価格を示す（5−2）あるいは危険資産の理論価格を示す（5−4）において，右辺の分母にある利子率が低下するほど割引国債や株式の理論価格 P_0（割引現在価値）は上昇します。価格が上昇するほど，これら証券は十分騰貴してしまっており，いまや値下がりの可能性が高まったので，売って貨幣に換えて，将来の買戻しに備えようと考える投資家が増えます。

　反対に，利子率が上昇するほど債券や株式の価格は下落します。すると今度は，証券価格は十分低下したから，これから値上がりする可能性が高まったとして，貨幣を株や債券に運用しようと考える投資家が増えます。貨幣需要は低下し，貨幣供給が増します。

　以上から投機的動機にもとづく貨幣需要においても，利子率の減少関数であることが示されます。

【演習問題5－1】

　株価について，期間1年として，以下の計算をしてください。

ⅰ．金利10％（0.1），リスクプレミアム10％（0.1）に対して，予想年間配
　　当5円，予想将来価格115円のとき，均衡における現在株価はいくら
　　になるでしょうか。
ⅱ．ⅰの他を一定として，業績の下方修正等により予想配当が3円，予想
　　将来株価105円となったとき，均衡において現在株価はいくらまで下
　　落するでしょうか。

【演習問題5－2】

　投機的動機にもとづく貨幣需要が利子率の減少関数である理由について，160～200字で論述しよう。

3．リターンについて

状況ごとの収益率

　リターン（return）という言葉は，報酬や収入あるいは生産プロセスの効率性（利潤率）などの意味で広く使われます。資産運用においては単に収益率を言い換えただけに過ぎないこともありますが，以下では「ハイリスク・ハイリターン」の用語法にあるように「リスクを伴った収益率」の意味で使用します。期間1の株式収益率 R は（4－7）式より，

$$R = \frac{D_1 + P_1 - P_0}{P_0} \times 100$$

前週では株式投資の将来価値（$D_1 + P_1$）について，不確実性がなく正しく予測できる（完全予想と言います）と仮定して説明を行いました。簡単化のためとはいえ，本当はかなり無理がある仮定です。ここでは完全予想の仮定を外して，

| 表5-1 | X株；状況別の将来価値と収益率 |

将来の状況	予想配当 D_1	予想株価 P_1	予想収益率 X
A（現状）	10円	100円	X_A；10%
B（円安）	15円	105円	X_B；20%
C（円高）	0円	95円	X_C：−5%

＊収益率はすべて×100で％

リスクがある場合を考えます。リスクがあるということは，将来の状況次第で，将来価値が異なってくることを意味します。

　期間1として，ある輸出企業Xの発行株式（X株）の将来価値を考えるにあたり「A. 現状」「B. 円安」「C. 円高」の3状況を想定します。各状況の将来価値は表5-1で与えられます。表の最右列には，状況ごとの予想収益率が前頁の式にもとづいて算出されています。たとえば状況Bについては，

$$X_B = \frac{15+(105-100)}{100} \times 100 = 20（\%）$$

のように算出されています。他の状況Aと状況Cについては，皆さん，表の予想配当と予想株価の数値を入れて各自確認してください。

リターンの計算

　次のステップに進みます。将来予測には，状況（シナリオ）ごとの収益率とともに各状況が起こり得る確からしさ（生起確率）が必要になってきます。

　もしある状況が高い確率で起こり得るとすれば，そのときの収益率は重要な意味を持ちます。逆にほとんど起こり得ないような状況ならば，収益率がどれだけ高かろうがマイナスであろうが重要性は乏しくなるでしょう。この重要度を生起確率によって客観的に数値化します。

　表5-2では各状況の生起確率 p（第二列）を仮定し，予想収益率 X（第三列）を生起確率でウェイト付けした収益率 pX（第四列）が示されています。生起確率には％ではなく小数を使っていることに注意してください。また全状況の生

| 表5－2 | X株；生起確率とウェイト付け収益率 |

状 況	生起確率 p	予想収益率 X	ウェイト付け収益率
A	p_A；40%（0.4）	X_A；10%	$p_A X_A$；4.0%
B	p_B；30%（0.3）	X_B；20%	$p_B X_B$；6.0%
C	p_C；30%（0.3）	X_C；−5%	$p_C X_C$；−1.5%

＊生起確率は小数を用いる点に注意

起確率を合計すると1.0（100％）になることにも留意してください（確率とはそういうものです）。

　最後のステップですが，表5－2のウェイト付け収益率（第4列）をすべての状況について合計します。

$$R_X = p_A X_A + p_B X_B + p_C X_C = 4.0 + 6.0 + (-1.5) = 8.5 \ (\%)$$

こうしてリスクを伴った収益率であるリターンが求められます。X株のリターンR_Xは8.5％という値になります。このように確率でウェイト付けした値を一般に**期待値**と言います。とくに投資収益（金融に限らず不動産や企業の実物投資も含む）を表す期待値のことをリターンと呼ぶわけです。一般式で表すと次式のようになります。

$$E(X) = \sum_{i=1}^{n} p_i X_i \qquad (5-5)$$

$E(X)$は将来価値Xの期待値を意味し，予想されるn個の状況それぞれにおける生起確率でウェイト付けされた収益率を合計したものです。

─ 【演習問題5－3】 ─────────

　下表の数値を使って，輸入企業YのY株リターンを計算しよう。ただし現在株価は110円，期間 $n=1$ とします。

Y株；状況別の生起確率と予想配当・予想株価

	生起確率	予想配当	予想株価
状況A（現状）	40%	4.4円	110円
状況B（円安）	30%	1.8円	106円
状況C（円高）	30%	6.0円	115円

4．リスクの定量化

リスク計算の必要性

　前章で，資産運用には3つの指標（判断のモノサシ）があると述べました。前節で定式化したリターンは収益性のモノサシのひとつです。しかし，1種類だけのモノサシで評価することには落とし穴もあります。

　X株（表5－2）とY株（演習問題5－3）を比較すれば，確かにX株の方が高リターンです。しかし予想収益率の最高値と最低値の開きを比較するとX株が25％，Y株は12％です。つまりY株の方がリターンは低くても，収益率の変動幅が小さく安定しているという評価も可能です。

　元来リターンは，リスクを取る見返りとしてプレミアムが反映されるべきものでした。リスクの割にリターンが高い・低いとか，同じリスクならリターンは高い方が良いとか，リスクと切り離してリターンだけ取り出しても，私たちが望む投資あるいは資産運用の判断はできません。

　リスクすなわち安全性の指標が大切なのです。以下ではリターンと合わせて用いるべきリスクの定量化を行います。

リスクの大きさとは

　リスクが何かは上述しましたが，リスクが大きいとか小さいとか，どのように判断するのでしょうか。上で述べたリターンは，あくまで収益率の期待値（加重平均）にすぎません。実際にX株に投資してみて実現される収益率は，リターン8.5％の上（10％，20％）か下（－5％）かのどちらかです。

　まずリスクが無いということは，上で結果が1個に確定していることと定義しました。資産運用に当てはめると，将来の状況（A，B，C…）にかかわらず実現される収益率が同じ，実現される収益率と平均（リターン）との間に開きが無いということになります。国債の応募者利回りなどがその一例です。

　ではリスクが大きいとか小さいとかは，どういったことでしょうか。上の例でY株は，X株に比べて将来の状況に応じて実現される収益率がリターンの近くに存在しています。言い換えると，投資に成功しても失敗してもY株の収益率にはX株ほど大きな差は生まれない，ということです（図5－1参照）。

　直感的な理解ですが，リスクの大小とは成功したときと失敗したときの差が大きいか小さいかなのです。一般的に表現すると，平均からの隔たりが大きくなるほどリスクは大きくなると言うことができます。このことを客観的な数値

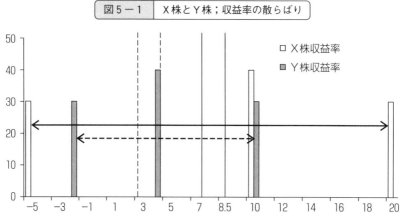

図5－1　X株とY株；収益率の散らばり

横軸；収益率（％），縦軸；生起確率（％），実線；X株リターン，破線；Y株リターン

で表したものが，次に述べる分散や標準偏差です。

分散と標準偏差

　リスクを客観的数値として表すとき，基準になるのは各状況における収益率とリターン（平均）との乖離幅（平たく言えば開き）です。この乖離幅を統計用語で偏差と言います。基本的にリスクは状況ごとの偏差を足し合わせて求めます。ただし2つの重要な留意点があります。

　ひとつは偏差が，平均という概念の定義上，単に足し合わせるだけだとゼロになってしまう事実です。そこでゼロにならないための便宜に過ぎませんが，各偏差が2乗された数値を用います。

　ふたつ目の留意点は，リターン計算時と同様，各状況の生起確率でウェイトづけをしなければならないことです。どんなに偏差が大きくても確率が低ければ評価は低くなるし，またどれだけ偏差が小さくても確率が高ければ評価は高くしなければなりません。

　以上の2点に留意して，ウェイトづけされた偏差の2乗を足し合わせた数値が，次式で示される**分散**です。

$$\sigma_X^2 = p_A(X_A - R_X)^2 + p_B(X_B - R_X)^2 + p_C(X_C - R_X)^2 \qquad (5-6)$$

漢字表記は同じですが，リスク管理のために異なる資産に資金を分けて投資する分散（diversified investment）と，数値化されたリスクの分散（variance）は混同しないよう気をつけましょう。

　さて，X株について**表5−2**と上で計算したリターン8.5（%）を，（5−6）式に代入して分散を計算します。結果は，

$$\sigma_X^2 = 0.4(10-8.5)^2 + 0.3(20-8.5)^2 + 0.3(-5-8.5)^2$$
$$= 0.9 + 39.675 + 54.675 = 95.25$$

2乗しているため，何だか大きな数値になっているし単位もつきません。ゼロにしないための便宜的な2乗だったので，単位（%）を揃えるためにも分散は平方根を求めて標準化を行います。分散を標準化した数値が，次式に示す**標準**

偏差です。これが一般に用いられる安全性（リスク）の指標になります。

$$\sigma_X = \sqrt{\sigma_X^2} \tag{5-7}$$

$$(=9.7596106\cdots \fallingdotseq 9.76\ (\%))$$

多少込み入った計算式が複数出てきました。演習問題を解いて，少し馴れましょう。

─【演習問題 5 － 4】────────────────────

演習問題 5 － 3 の結果を使って，以下の値を求めよう。

ⅰ．Y株の分散

ⅱ．Y株の標準偏差（小数点以下第 3 位を四捨五入）

─【演習問題 5 － 5】────────────────────

下表の数値を使ってⅰ～ⅲの値を求めよう。ただし，現在株価は120円，期間 $n=1$ とする。

Z株；状況別の生起確率と予想配当・予想株価

	生起確率	予想配当	予想株価
状況D	20%	14.0円	130円
状況E	35%	11.0円	115円
状況F	45%	4.0円	110円

ⅰ．状況D，状況E，状況Fの各収益率

ⅱ．Z株のリターン

ⅲ．Z株の分散，および標準偏差（小数点以下第 3 位を四捨五入）

5．研究；リスクに関する人のタイプ

どれに投資しますか？

　ここまでの学習で，私たちは資産運用に関する収益性の指標（リターン）と安全性の指標（リスク：標準偏差）を得ました。これら2指標を使った実践に入る前に，普段はあまり気にしないけれど重要なことについて，少し掘り下げて考えてみたいと思います。

　実際のところ，上で例示したX株やY株について皆が皆，同じ選択をするとは限りません。相対的にハイリスク・ハイリターンであるX株を選ぶ人，ローリスク・ローリターンのY株を選ぶ人，XとYどちらにも興味を示さない人，さまざまなのです。

　表5-3に示された非常に簡単な数値例を用いて実験をします。

　ここには定期預金A，投資信託B，株式銘柄Cといった3種の運用対象が，同一確率50％で生起する状況V・Wに対応した収益率を与えられています。

表5-3	3つの運用対象の収益率

	生起確率	定期預金A	投資信託B	株式銘柄C
状況V	50%（0.5）	10.0%	15.0%	20.0%
状況W	50%（0.5）	10.0%	5.0%	0.0%
希望資産に○→				

　＊購入金額その他の取引条件はすべて同じとする

　まずは<u>次段落以下の解説を読まないで</u>，A，B，Cのリターンとリスクを求めてください。そして表最下段に「あなたが運用してみたい資産」をひとつでも，ふたつでも，みっつ全部でもよいので○をつけてください。

＊＊＊＊＊＊＊＊　＊＊＊＊＊＊＊

　リターンは確率が半々なので足して 2 で割るだけですが，3 つとも同じ 10 ％になります。リスクは定期預金 A が標準偏差ゼロであることはすぐわかるでしょう。投信 B と株式 C の標準偏差はそれぞれ以下のように計算できます。

　　投資信託 B ；$\sqrt{0.5(5-10)^2 + 0.5(15-10)^2} = \sqrt{0.5 \times 25 + 0.5 \times 25} = 5$（％）

　　株式銘柄 C ；$\sqrt{0.5(0-10)^2 + 0.5(20-10)^2} = \sqrt{0.5 \times 100 + 0.5 \times 100} = 10$（％）

　リターンはすべて同じ 10 ％だったのに対し，リスクは A（0 ％）→ B（5 ％）→ C（10 ％）の順で大きくなっています。

　さて，あなたはどれを運用対象に希望したでしょうか。もう一度確認しても構いません。複数回答もありと言いましたが，実は選んだ資産あるいは組合せによって「リスクに関する自分のタイプ」がわかるのです。

リスク回避／愛好／中立

　まず定期預金だけを選んだ人は，なぜそうしたのか考えてみてください。おそらく「リターン（平均）が同じなら，リスクが小さい方が良いのでゼロとなっている A がベスト」と考えたからではないでしょうか。統計的にみると，このタイプは多数派です。ですが，あくまでひとつのタイプです。この「同一のリターンに対して，リスクが小さいほど望ましい」と感じるタイプを**リスク回避型**と言います。A と合わせて投資信託 B も選んだ（でも株 C は避けた）人は，弱めのリスク回避型です。

　一方，株式だけを選択する人は，少数派ですが一定割合存在します。「リターンが同じならばリスクが大きい方が良いので，標準偏差が最大の株式銘柄がベスト」という判断を下した字義通りの**リスク愛好型**です。回避型の人には理解しづらいかもしれませんが，両タイプは目の付けどころが違っているのです。回避タイプにとって気になるのは状況 W で，「悪くすれば得るものがない」などと思います。愛好タイプは逆に状況 V に注目し「定期で運用する（10 ％）より 2 倍（20 ％）の収益チャンスがある」とか思うわけですね。株式銘柄と合わ

せて投資信託にも○を入れた（でも定期は避けた）人は，弱めのリスク愛好型と言えます。

　そして投資信託Bだけ，定期預金Aと株式銘柄C，あるいは3つ全部を選択する人も，理由づけはさまざまでしょうがある一定の割合存在します。やはり少数派なのですが「リターンが同じなら，リスクの大小はあまりもしくはほとんど気にならない」**リスク中立型**です。あるいは言い方を換えるなら，リスクが大きかろうが小さかろうが，リターンが大きければ良いというタイプです。このリスク中立ですが，経済分析ではリスクを度外視できるということで非常に重宝がられます（→第15週）。

　以上は各自の参考にしてもらえればよいのですが，回避型が多くて他が少ないという一般的な傾向が，市場でリスクプレミアムを生じさせるひとつの原因であると述べておいて，今週は締めくくりましょう。

第**6**週 資産運用とリスク（前編）「リスクを分散する」とは

1. はじめに

　ここまでリスクとはどういったものかについて学びました。リスクに対する態度についてはタイプがあって，自分は回避型だ，愛好型だと気付いて納得した人もいるでしょう。でもこの段階で誤解している人が多いのです。回避型だから株式投資は向かない，とか，愛好型だからリスクは気にしなくてよい，とかです。

　リスク回避タイプの人へ，自分にとってのリスクに見合った投資先を探す選択もあるのです。業績が安定して伸びていて，株価に対する配当の割合（配当利回り）も４％を超えるような高リターンの企業は確かに存在します。それでも納得できなければ，米国をはじめ海外に目を向けることをお勧めします。あなたも知っている企業が，10年以上にわたって株価の上昇トレンドを維持しています。あるいは，リスクに見合ったリターンがないと思うならリスクを下げればよい——それを可能にするのが，今週の主題「リスク分散」です。

　リスク愛好あるいは中立タイプの人へ，利益を得る可能性があるとわかっていても，その機会を実際に手にするには相場（市場価格の動向）を読むスキルが不可欠です。それがないと失敗してばかりということになりますから，何らかの「リスク分散」をしておくことが，少なくとも初心者には無難であると言えるでしょう。

　第６週と第７週では，投資リスクの管理法について，初歩から学習します。リスク管理の代表格が，上から述べている「リスク分散」です。その意味するところとは，投資の集中を避ける（分散させる）ことによって，自分が運用して

いる資産全体のリスクを低下させることです。ここでいうリスクとは，前週定義した投機リスクです。リスク分散は，運用資産の集中を避ける手法，および売買時点の集中を避ける手法に大別されます。

　運用資産の分散には，銘柄分散と資産配分の大きく2種類があります。

　銘柄分散は，同じ種類の資産だけれど異なる発行体の複数銘柄（トヨタ自動車株とパナソニック株など）に資金を分けて投資することです。**資産配分**もしくは**アセット・アロケーション**とは，株式と債券，あるいは日本株と外国株のように種類が異なっている資産に分散運用することです。

　次に売買時点の分散（もしくは時間分散）は，一時点に全資産の買付と売却を集中すれば全資産が相場変動の影響を受けるため，買付や売却の時期を複数回に分ける投資手法です。他に，短期売買を繰返すのではなくじっくり運用する長期投資のスタイルも，投資期間を拡大するという意味で時間分散のバリエーションと言えるでしょう。

　第6週は運用資産の分散について学びます。多少高度な内容も含みますが，できるだけ平易にお話します。いや，もっと高度な学習がしたいという人は，第7週に進む前に「発展学習　ポートフォリオとCAPM」に進んでいただければと思います。

2．銘柄分散について

銘柄分散の概要

　初心者向けの解説として「ひとつのカゴにすべての卵を入れるな」という譬えがしばしば使われます。カゴを落としてしまえば全部の卵が割れてしまうので，いくつかのカゴに分けて卵は入れなさいというわけです。卵とは手持ち資金，カゴとは運用対象となる株式銘柄などの譬えです。何も知らなかった人にはこれで十分かもしれませんが，ここからお話する銘柄分散には「損益の打消し合い」という「深い意味」があります。

　たとえば輸出関連の株式銘柄は円安（高）になると業績が伸びる（振るわない）

ため，株価が上がって（下がって）配当も多く（少なく）なる傾向が見られます。反対に輸入関連の銘柄は，円高で業績が伸びて円安で業績が振るわないため，株価も配当も輸出関連銘柄と真逆の動きを示す傾向が指摘されます。

　こうした傾向に目を付けて，運用資産の一定割合を輸出関連株に投資，残りを輸入関連株に投資すれば，円高時における輸出株の値下り損を輸入株の値上り益で埋め合わせ，円安時における輸入株の損失を輸出株の利益で埋め合わせる（相殺する）ことができます。

　つまり外為レート変動に関わりなく，つねに一定の収益（配当など）が確保されるというわけです。

　一般的な言葉で表現すれば「業績や値動きが反対方向の銘柄に資金を分散して投資することで，各状況における損益が打消し合われ，トータルの収益が平準化される」ということです。平準化（凸凹がないように）するということは，リターン（平均）からの振れ幅を小さくすること，すなわちリスク（標準偏差）を低下させることを意味します。

数値例でみる銘柄分散の効果

　第5週で使用したX株（輸出銘柄）とY株（輸入銘柄）の数値をそのまま使って，銘柄分散の効果について確認したいと思います。本当はベストな分散ではないということをお断りしておきますが，計算がしやすいように，半分ずつの投資（X株に50％，Y株に50％）を考えます（表6－1）。

　まず銘柄分散したときのリターンを見ましょう。

　計算の仕方は2通りあります。ひとつは状況ごとに銘柄分散の収益率を求めて，確率で加重平均をとるという方法です。たとえば状況Aなら，X_A10％とY_A4％を（半々なので）足して2で割り7％になります。状況BとCもそれぞれ9％，2.5％と求められるので，以下のように各確率で加重平均します。

$$0.4 \times 7 + 0.3 \times 9 + 0.3 \times 2.5 = 2.8 + 2.7 + 0.75 = 6.25 \ (\%)$$

　この6.25％が，X株とY株に「半々投資」したときのリターンになります。

表 6 － 1	分散効果を確認するための数値例			
	生起確率	X株収益率	Y株収益率	50／50収益率
状況A（現状）	p_A；40%	X_A；10%	Y_A；4%	7%
状況B（円安）	p_B；30%	X_B；20%	Y_B；－2%	9%
状況C（円高）	p_C；30%	X_C；－5%	Y_C；10%	2.5%
リターン	—	R_X；8.5%	R_Y；4%	?
リスク	—	$\sigma_X \fallingdotseq 9.76\%$	$\sigma_Y \fallingdotseq 4.65\%$	?

　もうひとつの方法は，X株リターンとY株リターンを足して2で割る方法です。やはり6.25％です。すでに両リターンが計算してあったので簡単に見えますが，手間としては変わりません。

　表6－1最右列の50／50収益率を見て気づくことはないですか。X株よりY株の方が各収益率とリターンの開き（偏差）が小さくリスクも低かったのですが，分散した場合の収益率はさらにバラツキが小さくなっています。先週示した図5－1に重ねてみるとはっきりします（図6－1）。

　では，標準偏差を計算して数値で効果を確認しましょう。銘柄分散した標準

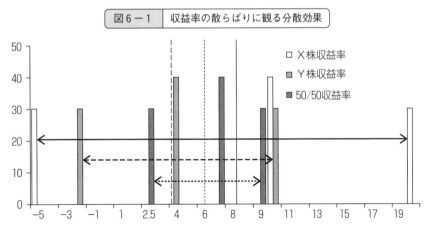

図 6 － 1	収益率の散らばりに観る分散効果

横軸；収益率（%），縦軸；生起確率（%），
実線；X株リターン，破線；Y株リターン，点線；50／50リターン

偏差も，個別投資したときと同様に計算します。各状況の偏差を2乗し，確率で加重平均して分散を求め，平方根を取ればよいのです。

半々投資の分散；$0.4(7-6.25)^2+0.3(9-6.25)^2+0.3(2.5-6.25)^2$
$$= 0.225+2.26875+4.21875 = 6.7125$$

同標準偏差（％）；$6.7125^{0.5} = 2.5908492\cdots ≒ 2.59 < 4.65 < 9.76$

確かに標準偏差は，各個別銘柄のどれよりも低くなっています。その一方でリターンは，各銘柄の平均値（6.25％）でした。

まとめると，銘柄分散の効果とは，<u>リターンは平均を維持しつつリスクは低減</u>させるということなのです。「リターンが同じなら，リスクは低い方がベター」というリスク回避タイプに向いた投資手法と言えるでしょう。

前にも言いましたが，<u>投資の分散</u>（diversified investment）と<u>標準偏差^{2}の分散</u>（variance）は混同しないようにしてください。

リスク愛好・中立タイプにとっての銘柄分散

前週に述べたように，リスク愛好タイプはリターンが同じならリスクが大きい方を選ぶ，マイナスになる可能性よりプラスになる可能性の方を重視します。上の例ではX株の最大収益（20％）が大切で，最低収益（－5％）の方は気にしない，たとえ，マイナスの可能性が消失しても最大収益が9％に下がってしまう銘柄分散は好まないでしょう。愛好タイプは，分散よりも全資金をX株に集中することの方に高い満足を感じるのです。中立タイプも，銘柄分散に積極的な意味を見つけることは難しいのではないかと思われます。

しかしながら「はじめに」でも述べたように，情報分析力，売買時機の見極め等々のスキルが伴わないと成功（X株で言えば収益率20％）に結び付かないのも確かです。したがって，投資初心者は何らかの分散をした方が適切であると言えます。

もうひとつ述べておきたいことは，**想定外のリスク**の存在です。私たちは過

去（せいぜい10年程度）の情報に基づいて状況A・B・Cなどと予測しているに過ぎません。しばしば「100年に一度」と表現されるような，予測していなかった「状況D」等が生じることがあります。たとえば2008年のリーマンショックや2020年から数年つづくコロナ禍などがそれです。

　つまり合理的予測には限界があり，何らかのリスク対応はリスクのタイプを問わず必要なのです。

【演習問題 6 − 1 】

　下表の数値を使って両銘柄に1／2ずつ分散投資したとして，ⅰ～ⅳの値（穴埋め）を求めてⅴについて考察してください。

分散効果を確認するための数値例（2）

	各状況の確率	U株収益率	V株収益率	U株50%／V株50%
状況A	p_A；50%	U_A；7%	V_A；4%	5.5%
状況B	p_B；25%	U_B；17%	V_B；1%	？%
状況C	p_C；25%	U_C；−1%	V_C；11%	？%
リターン	—	R_U；7.5%	R_V；5.0%	？%
リスク	—	σ_U；6.38%	σ_V；3.67%	？%

ⅰ．状況Bの50／50分散収益率

ⅱ．状況Cの50／50分散収益率

ⅲ．50／50分散のリターン

ⅳ．同リスク（標準偏差）　＊小数点以下3位を四捨五入

ⅴ．個別銘柄のリターン／リスクと比較して，銘柄分散にはどのような効果があるといえるだろうか？　上の例題や計算結果を参照して，160～200字で具体的に述べてください。

3. ポートフォリオとは何か

まずは銘柄選定

　資産運用において**ポートフォリオ**（portfolio）という言葉がよく使われます。もともと書類挟みや折カバンを意味する言葉です。金融分野では有価証券一覧表の意味で一般に用いられます。個人の資産運用におけるポートフォリオでは，分散投資した株式銘柄を各々時価いくらで何株そして合計いくら保有しているのかなどの一覧表を管理用に作成します。株式だけでなく，債券その他の運用資産も含めて考えます。ポートフォリオによる管理は，資産の種類が増えるアセット・アロケーション（資産配分，次節）でとくに重要になります。

　ポートフォリオの説明をするにあたって，まず銘柄分散において留意しなければならない3点を挙げておきましょう。

　第一は，収益基盤のしっかりした会社の銘柄を選ぶことです。上記例ではX株とY株のいずれも，現状を維持したとしてプラスの収益（例では配当）が確保されています。現在がゼロあるいはマイナスで，状況が良くなった時はプラスだが悪くなれば大きくマイナスというような銘柄は当然リターンが期待できません。リスク分散以前の問題なので心にとめておいてください。

　留意点の第二，第三については以下で述べます。

相関係数と共分散

　銘柄分散で気をつけることの第二は，できるだけ正反対の変動をする銘柄どうしを組み合わせることです。できるだけ強い負の収益相関を持つ銘柄どうしを組み合わせること，と言い換えることもできます。

　上の例のような輸出銘柄と輸入銘柄なら円高と円安で収益が逆方向に動くので，片方でマイナスが出てももう片方のプラスで相殺されます。理解しやすい例として用いただけで，輸出企業と輸入企業で必ずそうなるとは限りませんが，統計学の用語を使って言うなら，**相関係数**が−1に近い（負の相関が強い）こと

が望ましいということです。

　表6－1で用いたX株とY株の収益率の相関係数は，次の計算式によって求めることができます。

$$（X株とY株の共分散）÷〔X株の標準偏差 × Y株の標準偏差〕$$

ここでX株とY株の**共分散**は，次式によって計算されます。

$$0.4\,(10-8.5)\,(4-4)+0.3\,(-5-8.5)\,(10-4)$$
$$+0.3\,(20-8.5)\,(-2-4)=0-24.3-20.7=-45$$

　要するに，各状況の"確率 ×（X株の偏差）×（Y株の偏差)"を合計します。こうして求めた共分散（＝－45）をX株とY株の標準偏差の積（≒45.384）で割れば，相関係数は約－0.992になります。ほぼ完全な負の相関（－1）を例にしていたわけですね。でもその割にはリスクをゼロ近辺まで下げられていません（半々投資の場合は≒2.59％）。アバウト感覚の50％50％では損益を相殺しきれていないのです。さらにリスクを下げたいのなら追加的操作が必要になります。

投資比率によるリターン・リスク操作

　銘柄分散で留意して欲しいことの第三は，投資比率です。各銘柄に投資する比率を変えることによって，（一定の範囲ではありますが）リターンおよびリスクを操作することが可能となります。操作することによって，自分にとって最適なリターン＆リスクを実現できるのです。

　引続き上記X株とY株の数値例を用いましょう。**表6－2**は，両銘柄への投資比率を10％ずつ変化させた資産全体（ポートフォリオ）のリターンとリスク（標準偏差）で，各5割投資したときと同じ方法で計算しています。**表6－2**をグラフに表したものが，**図6－2**になります。全体のリターンは，投資比率を動かすとX株（8.5％）とY株（4％）の間を比例的に変化していきます。一方，リスク（標準偏差）は，相関係数が－1に近いために投資比率の調整次第でゼロ近辺まで低下させることができます。

表6−2			ポートフォリオのリターン＆リスク								

X株比率	1.0	0.9	0.8	0.7	0.6	0.5	0.4	0.3	0.2	0.1	0.0
Y株比率	0.0	0.1	0.2	0.3	0.4	0.5	0.6	0.7	0.8	0.9	1.0
リターン	8.5	8.05	7.6	7.15	6.7	6.25	5.8	5.35	4.9	4.45	4
リスク	9.76	8.32	6.89	5.45	4.02	2.59	1.19	0.51	1.80	3.22	4.65

＊リターンとリスクは％，リスク（標準偏差）は小数点以下３位を四捨五入

図6−2	リターン＆リスクの組合せ

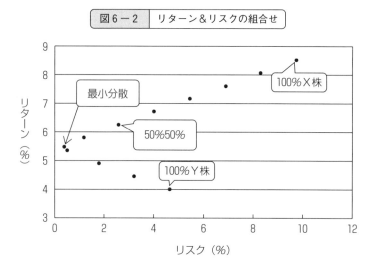

X株：Y株の投資比率をおよそ0.322：0.678（1,000万円あればX株322万円，Y株678万円）としたとき，標準偏差は最低の約0.396％にまで低下させることができます（詳しくは「発展学習」）。このときリターンは5.449％になります。このようなリスクとリターンの組合せは，**最小分散ポートフォリオ**と呼ばれています。

リスク回避度とポートフォリオ選択

　上ではリスクが最小となるような，言い換えればもっともリスクを回避したい人に適したポートフォリオについて説明しました。もちろん他にも選択肢は

あります。最初に例示した半々投資くらいのリスクおよびリターンが自分に「適」という人もいれば，もっとリスクテイクして高いリターンを確保したい人もいることでしょう。さらにリスク中立や愛好タイプであれば，分散を避けてX株に集中投資するはずです。

　個々の人にとっての最適ポートフォリオは，リスクをどれくらい回避したいのか，より専門的な表現をすれば，増えたリスクに対してどれだけリターンの上昇を望むのかという**リスク回避度**によって違います。正確ではありませんが，「リスク許容度の違い」と理解してもらっても問題ありません。簡単に言えば，投資から得られる満足（効用）が最大になるリターン＆リスクを選択すればよいのです。

　もちろん前提があります。過去のデータから状況ごとのX株やY株の予想配当や将来株価，確率などを知っていることです。正確な情報を入手することは難しいかもしれません。しかし大体の計算ができれば，少なくとも選択対象から外すべきポートフォリオ（保有比率）の範囲が特定できます。それは最小分散ポートフォリオから100％Y株投資までの間です。1,000万円持っていたとしたら，678万円（67.8％）を越えてY株に投資すべきではないと言い換えられます。なぜなら，その範囲であれば（図6−2なら上方に）同一リスクでもっと高いリターンを得られるポートフォリオが存在するからです。逆にそれ以外の，最小分散ポートフォリオから100％X株投資までの範囲ならすべて選択可能ということになります。この選択可能な範囲を**有効**（効率的）**フロンティア**と呼びます。

　表6−2では保有比率を10％ごとに計算しているので**図6−2**は点で表示をしていますが，比率は連続的に選択可能です。有効フロンティアは最小分散から100％X株までの曲線によって示すことができます（図6−3）。

　ポートフォリオに関するもっと専門的な議論は，巻末「発展学習」で学べるようにしてあります。

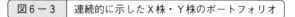

図6－3 | 連続的に示したX株・Y株のポートフォリオ

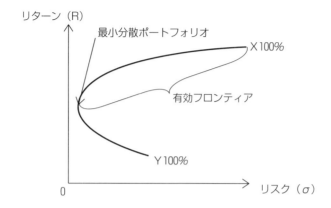

4．アセット・アロケーション（資産配分）

システマティック・リスクと資産配分

　上で想定外のリスクという話をしましたが，仮に想定内だったとしても，た
とえば日本経済全体が落ち込めば，分散投資した銘柄すべてが値下がりする危
険もあるわけです。このような経済全体と関わるリスクのことを**システマティ
ック・リスク**と呼びます。それに対して個別運用対象の事情によって配当や株
価などが変動するリスクを**ユニーク・リスク**といい，前節までに述べた銘柄分
散などによって対応します。

　システマティック・リスクに対して分散の考え方を応用するなら，景気変動
に強いと言われる会社の株（ディフェンシブ銘柄）を一定割合保有するやり方も
ありますが，そのほかにリスク分散の在り方としてアセット・アロケーション
（資産配分）が有効です。

　「はじめに」で述べたように，資産配分とは株式と債券というような異なる
種類の資産に資金を分散運用することです。「異なる種類」の意味として，①
価格変動性の異なる資産，②リスクあるいは流動性の異なる資産，という2つ

の考え方があります。順に解説しましょう。

価格変動性の異なる資産に配分

　価格変動性が異なるとは，片方が下がればもう片方が上がる，あるいは変動理由が独立しているような資産に分散運用する考え方です。銘柄分散と考え方は似ていますが，異種混合の資産選択になります。

　よく言われることは，金利が上昇すると株式市場から債券市場に資金が移動するので，株価が下がって債券価格が上昇するという関係です。ただ経済状況によっては，当てはまらない場合もあります。

　国内の有価証券（株式や債券）と海外の有価証券に資産を配分する方法も有効でしょう。これは国により市場の変動要因がある程度独立しているからです。ただしある程度であって，海外市場が値下がりすれば，内外の裁定取引を通じて日本市場も下落することは日常茶飯事です。また海外への投資は為替リスク（→第7週）も伴っているので注意が必要です。

　異質な価格変動性というなら，金融資産の他に不動産や金属，石油などの資源といった実物資産に資金配分する選択肢もあります。かつてリーマンやコロナのショックで世界中の株価が低迷したときに，金（GOLD）が史上最高値を付けたことがありました。不動産に投資するまとまった資金が手元にないなら，不動産投資信託（REIT）を購入する方法もあります。ただし，実物資産には有価証券とは違ったリスクがあります。基本知識を身につけてから運用対象に加えるか判断してください。

　以上，異なる価格変動性の資産配分を種々紹介しましたが，実践においてよく用いられるのが**四分法**です。たとえば資金を国内外の資産に二分し，それぞれをさらに株式と債券に二分する（図6－4；パターンⅰ），あるいは内外に二分した資金をそれぞれ金融資産と実物資産に配分するパターン，75％を国内に25％を海外株式に配分し，国内を株式・債券・不動産に三分する（同；パターンⅱ）など，多くのバリエーションがあります。四分法は単純でわかりやすいですが，必ずしも25％ずつ配分する必要はありません。自分のリスク許容度

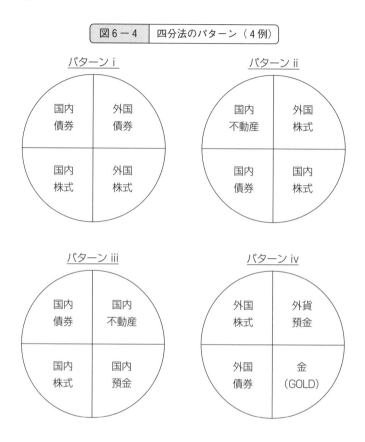

図6－4 四分法のパターン（4例）

パターン i

国内
債券 ／ 外国
債券

国内
株式 ／ 外国
株式

パターン ii

国内
不動産 ／ 外国
株式

国内
債券 ／ 国内
株式

パターン iii

国内
債券 ／ 国内
不動産

国内
株式 ／ 国内
預金

パターン iv

外国
株式 ／ 外貨
預金

外国
債券 ／ 金
（GOLD）

に合わせ，内外情勢や各市場状況を見て，対象や割合を決めましょう。

　四分法について留意点を３つ述べます。

　第一に，四分された各資産は，その中で相関係数などを考慮して銘柄分散を
した方が良いでしょう。四分してさらに各々分散するには，ある程度の金額が
必要です。したがって最初から分散効果が期待できる株式投信や債券投信を利
用することも有効です。

　第二に，一定期間ごと（一年や半年に一度）に配分の見直しをしてください。
たとえば日本株があまり値動きしないうちに海外株が大きく値を上げた場合，
内外のバランスが崩れることになります。海外比率が高くなればそれだけ大き

く円高リスクや外国市場の影響を受けやすくなって，アロケーションした効果が薄れます。内外に限らず値上がりして比率を高めた資産は部分売却するなどして，元の比率に戻す（リバランスする）ことも大切です。

　第三に，各資産の流動性を確認してください。上記リバランスを含めて，売るべきときに売れないリスクは実践において厄介です。先進国の一般市場で売買される株式債券の多くは，取引金額も大きく流動性リスクを気にする必要はほぼありませんが，ベンチャー企業などの新興市場銘柄や一部不動産などは注意を払った方が良いと思われます。

リスク・流動性の異なる資産に配分

　他にアセット・アロケーションには，リスクあるいは流動性の異なる資産に配分するという方法があります。

　そこには2つの観点があって，ひとつは各自のリスク許容度に合わせて運用すること，もうひとつはライフイベントの資金需要に備えた運用です。両者は切り離さず，合わせて考慮に入れ，運用計画を立てていくべきです。

　そこで良く使われるのが三分法です。第3週において，資産運用を貯蓄手段，投資手段，および中間の資産に分けましたが，この分類がここで生かせます。以下は簡単化のため対象を国内の金融資産に限定します。

　まず貯蓄手段として現金，流動性預金，定期性預金を想定しましょう。安全性と収益性ではいずれもローリスク・ローリターンですが，流動性からみると前二者は非常に高く，定期性預金は中途解約すると低い金利が適用されるなど必ずしも十分とは言えません。

　次に中間的資産として，債券および債券投信を考えます。平均的にみればミドルリスク・ミドルリターンですが，国債は発行時に購入し満期まで保有（バイ・アンド・ホールド）すれば，ほぼゼロリスクです。社債は銘柄によって信用リスクを考慮する必要があったり，国債も中途売却すれば一定の価格リスクが生じたりします。流動性は銘柄によりますが，発行日から時間が経つほど低くなる一般的傾向があります。現預金に比べ流動性は全般的に低くなります。

　投資手段としては，株式（上場銘柄）および株式投信を考えます。一般に現預金や債券に比べてハイリスク・ハイリターンです。流動性は銘柄および市場の状況（市況）により同じではありませんが，売買には一定の費用がかかり，現金や流動性預金ほどの高さはありません。

　三分法のひとつの例は（A）貯蓄手段，（B）中間資産，（C）投資手段の3種類を，リスク許容度や目的に合わせて，各々1／3・2／3・3／3の組合せで運用するやり方で，10パターンに分けることができます。リスクの小さい順に並べると，①3／3Ａ，②2／3Ａ・1／3Ｂ，③1／3Ａ・2／3Ｂ，④3／3Ｂ，⑤2／3Ａ・1／3Ｃ，⑥1／3Ａ・1／3Ｂ・1／3Ｃ，⑦2／3Ｂ・1／3Ｃ，⑧1／3Ａ・2／3Ｃ，⑨1／3Ｂ・2／3Ｃ，⑩3／3Ｃとなります。

　上の10パターンの中から，ライフイベントごとの資金需要に合わせた配分を選びます。人生の三大資金というと一般に，住宅購入資金，教育資金，老後の生活資金を指します。他にも旅行や留学，就活と引越し，車の購入，何かあったときの備えなど，まとまった資金を作っておく必要はさまざまです。

　大学を卒業するまでのイベント，後の人生における備えの資金には，ローリスク・ローリターンで一定の流動性も確保された配分法，10パターンにおける①，あるいは②が望ましいでしょう。銘柄分散や時間分散（次週）によって

図6－5　三分法の10パターン

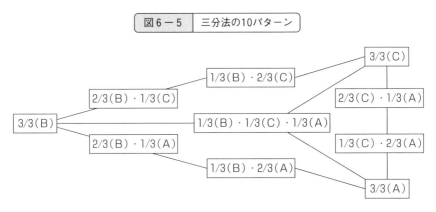

＊およそ上に行くほどハイリスク／ハイリターンな資産配分になります。

株式投資のリスク管理ができていれば，流動性のみ考慮して⑤という選択（本来ミドルリスクですが）もあり得ます。

　車や住宅などの耐久消費財購入でローンをできるだけ少なくしたい場合（→第10週）やこどもの教育資金は，（家族も含めた）自己実現資金と位置付けられます。急に現金化する必要がないということ，多少は価値増殖を図りたいということから，ミドルリスク・ミドルリターンである③～⑦のどれかをリスク許容度（回避度）に合わせて選ぶのが一般的です。

　皆さんにとって，老後資金は半世紀ばかり先の話です。ピンとこないのは当然ですが，時間があるということは失敗してもやり直しがきくということです。それは同時に，複利効果が絶大ということも意味します。余裕資金ができてからになりますが，ハイリスク・ハイリターン運用（⑧～⑩）を試みるのもひとつの選択肢だと思われます。老後資金だけでなく，事業で独立するための資金作りなど財務管理の訓練にもなるはずです。

【演習問題6－2】

　以下の文章の空欄を埋めよう。同じ記号には同じ言葉が入ります。

　銘柄分散におけるひとつの留意点は，できるだけ A の収益相関の銘柄どうしを組み合わせることであり，相関係数が B に近いことが望ましい。相関係数は，分散投資する銘柄（収益率）の C を各銘柄（収益率）の D の積で割って求める。 C は各状況における生起確率と各銘柄の E の積を合計した値である。

　もうひとつの留意点は，各銘柄の F を変えることによって投資から得られる G が最大になるリターン＆リスクを選択することである。選択可能な中でもっともリスクが低くなるポートフォリオのことを，特に H ポートフォリオという。

第7週 資産運用とリスク（後編） さまざまなリスク管理法

1. はじめに

　主な投資リスクのマネジメント手法として，前週の銘柄分散，アセット・アロケーションに続き，第7週は時間分散と長期投資の考え方（2節），債券投資における各種リスクへの対処法（3節），そして海外投資する場合に避けて通れない為替リスク（4節）について学習します。

　ファイナンスが現在価値と将来価値との取引であるならば，時間は重視するべき要素のはずです。投資のリスク管理において「時間を味方につける方法」として，時間分散と長期投資という2つの考え方があります。

　時間分散は，資産の売りあるいは買いを一時点に集中させない，という意味で分散投資のひとつと言えます。長期投資は，企業にリスクマネーを供給し，企業と一体となって事業の不確実性に相対するという株式投資本来の目的に適うものであり，株式であれば経営参加権を重視します。

　次に，アセット・アロケーションの対象にもなる債券はミドルリスク・ミドルリターンの運用対象とみなされますが，信用リスクをはじめとして価格リスク（とくに金利リスク）や流動性リスクなど結構な種類のリスクが関係します。信用格付けの見方など基本的な関連知識について学んでおきましょう。

　第6週にお話したアセット・アロケーションですが，海外への資産配分に関して（外国）為替リスクは最大の障害となります。為替リスクとは，外為レートの変動によって，海外資産の円で評価した（円建ての）価値が増えることもあれば減ることもある，そうした不確実性を意味します。そもそも為替レートは何が原因で変動（円高になったり円安になったり）するのか，どう対処したら良

いのかについて学習しましょう。

２．時間を味方につける

時間分散とは

　リスク管理の方法として，前週は銘柄分散やアセット・アロケーションなど運用対象を分散するやり方を勉強しました。リスク・マネジメントには他にもさまざまな手法があります。

　たとえばこれから株式投資を始めるという人にとって，いつ買付をすればよいかは大問題です。勢いやノリで投資すると，なぜか失敗するのです。買付売却のタイミングについて誰も最初は思うようにいきません。ですが時間を味方につければタイミング問題は回避できます。

　時間を味方につける方法は，大きく２つあります。ひとつが時間分散です。買付の時期を複数回に分けることで，株価が高くなった時に買い付けたことによる値下がり損を，株価が安くなった時の買付による値上がり益で相殺し，投資収益のブレを平準化する方法です。ただし，ここで上手にタイミング問題を回避する手段を確保しておく必要があります。

　もうひとつは長期投資です。熟慮の末に優良な複数銘柄へ分散投資し，あとは短期的な株価変動に一喜一憂することなく，企業利益の分配として受け取る配当金を主な収益とするスタンスです。もちろん長期的に株価が値上がりすれば，売らずとも自らの資産額を増やすことにつながります。長期投資は，著名な投資家として知られるウォーレン・バフェット氏の基本投資スタンスです。たしかに投資期間を引き延ばすという意味では時間分散の一種かもしれませんが，本書では独立させて考えたいと思います。

時間分散の分類

　一口に時間分散と言っても，いくつかのバリエーションがあります。

　ひとつは投資時期を不規則に分散するやり方です。不規則と言っても，適当

という意味ではありません。ある程度経験を積んで価格変動の方向が見えてき
たとき（相場観が付いてきたとき）に，上昇局面では買付時期を分けて値下がりリ
スクに対処し，下降局面では売却時期を分けて再度の値上がりの可能性に対応
しておくという，多少テクニカルな投資手法です。当然ですが，初心者には利
用困難な面があります。

　買付ならびに売却のタイミングを自分で考えなくてよいのが，規則的な時間
分散です。熟慮の末決めた一銘柄あるいは数銘柄を，毎月決まった日（たとえ
ば給料日）に買付けていく方法です。積立貯金にあやかって積立投資と言い換
えることも可能です。

　規則的な時間分散には，考え方としては２種類あります。ひとつは毎月一定
銘柄を一定株数（100株の倍数）買付けていくやり方です。一方，毎月一定銘柄
を一定金額（１万円の倍数）分だけ買付けるやり方もあります。後者が**ドルコス
ト平均法（株式累積投資）**と呼ばれる手法です。ではどちらのやり方が，より効
率的な投資方法と言えるのか，数値例で確認しましょう。

ドルコスト平均法の優位性と限界

　表７−１には手法Ａ（買付株数を固定する手法）とＢ（買付金額を固定する手法）を
対比させる形で，各月の買付時における値が記されています。ここで手法Ｂが
ドルコスト平均法（株式累積投資）です。

　投資は４月に始まり，11月まで計８回買付けします。株価は４月の500円か
ら６月の590円までは値上げして，７月から９月の410円までは値下げ，10月
から再度値上げをして11月に500円に戻っています。中立を担保するため変
動は上下対称で，４月に全額投資しても11月にキャピタルゲインはなくなる
設定にしています（配当は考えません）。

　では比較をしていきましょう。

　Ａは買付株数を20株で固定，株価上昇につれ買付金額も増大します。累積
費用が加速的に伸び，過去に買付けた分も値上がりするので，資産残高はそれ
以上の速度で膨らみます。しかし７月以降，株価が下がる局面では買付金額が

		4月	5月	6月	7月	8月	9月	10月	11月
	株　価	500	550	590	510	450	410	490	500
A 買付 株数 固定	買付株数	20	20	20	20	20	20	20	20
	買付金額	10,000	11,000	11,800	10,200	9,000	8,200	9,800	10,000
	累積費用	10,000	21,000	32,800	43,000	52,000	60,200	70,000	80,000
	累積株数	20	40	60	80	100	120	140	160
	資産残高	10,000	22,000	35,400	40,800	45,000	49,200	68,600	80,000
B 買付 金額 固定	買付金額	10,000	10,000	10,000	10,000	10,000	10,000	10,000	10,000
	累積費用	10,000	20,000	30,000	40,000	50,000	60,000	70,000	80,000
	買付株数	20	18.18	16.95	19.61	22.22	24.39	20.41	20
	累積株数	20	38.08	55.13	74.74	96.96	121.35	141.76	161.76
	資産残高	10,000	21,000	32,526	38,116	43,633	49,754	69,462	80,880

表7-1　ドルコスト平均法の効果例

＊株価変動を上下対称としています。

低下し累積費用の伸びは鈍り，累積費用と資産残高の上昇が抑え込まれます。株価が500円に戻った11月，累積費用と資産残高は80,000円で等しくなり，（配当は想定していませんから）株式投資の収益率は0％，集中投資した場合と同じです。

　Bでは買付金額を10,000円で固定，株価上昇局面で買付株数が低迷して，資産残高は膨らみません。しかし7月以降の株価下落局面で買付株数が増えていきます。株価が最低となる9月に＋4.39株，ピーク時（6月）の−3.05株を余裕で取戻します。累積費用（80,000円）は同じでも，トータルで1.76株分Aより多く買い付けられるため，株価が500円に戻った11月に880円の収益（率にして1.1％）を得ます。

　以上に観たように，上昇と下落を対称にしたシミュレーションにおいて，ドルコスト平均法の強みが確認されました。その強みとは，株価高騰時における買付を抑制する一方，安値の買付を（高値で抑制した以上に）促進するところにあります。これは本来リスクである価格変動を上手く利用して投資効率を上げたからだと言えます。

　もちろん相場が読めれば，４月に80,000円全額を投資して７月に売却，９月に再投資すれば40％超の収益を上げられます。それに比べればドルコスト平均法の効率性は知れています。ただ相場のことがわからない初心者には適した手法と言えます。

　あるいは上の想定と違って株価が下げ続けてしまうなら，ドルコスト平均法も損失が出ます。だから万能ではありません。しかし一般的な株式銘柄は，平均回帰と言って長期には（いつかはわかりませんが）元の価格水準に戻ってくるという性質があります。その時に同投資法の強みが現れます。大切なことは，一時的に低迷しても長期的に業績を回復できる優良銘柄を選ぶことです。

　ドルコスト平均法は，個別株式銘柄だけでなく投資信託でも行われています。対象商品は各証券会社のウェブサイトで確認できます。

長期投資の視点

　株式累積投資も，売却を想定しないで買付株数を積み上げていく手法なので長期投資の一種と言えますが，一般的に長期投資には一度に大きな金額を買付けて長く保有する意味も含みます。

　本質は，上で述べたように，短期的な株価の変動よりも長期的な発行企業の業績の伸びを重視することです。そのために大切なことは，まず入念な企業研究に基づく銘柄選定，投資後に株主として経営に積極関与する姿勢です。なんとなく選んで買った株について，時々価格を確認する程度で保有し続けるのとは違います。

　また長期投資は，一度買ったら売らないということでも，価格変動を気にしないということでもありません。アセット・アロケーション（第６週）で述べたように，資産運用にとってリバランス（資金配分の見直し）は重要です。各銘柄の価格変動を見ながら，必要に応じて売却や場合によっては買い増しをすることも大切な資産管理です。

┌─【演習問題7－1】─────────────────────────────┐

以下の文章の空欄を埋めよう。同じ記号には同じ言葉が入ります

時間分散は A を複数回に分けることで，高値時の買いによる値下がり損を安値時の買いによる値上がり益で相殺，収益におけるブレを B するものである。

時間分散の一種である C （株式累積投資）は毎月決まった日に D を E に投資する手法で，株価が高いと自動的に F 買い付け，低くなれば G 買い付けるため，結果として H （リスク）を利用して，投資効率を上げることができる。

└────────────────────────────────────┘

3．債券運用のリスク管理

債券投資は必ずしも安全ではない

債券は，貯蓄手段と投資手段の中間（ミドルリスク・ミドルリターン）に位置づけてきました。株式投資に比べて，運用資産の平均的な変化額が小さいからです。しかしあくまで平均的にというだけで，銘柄や投資方法，運用金額によってはリスクが馬鹿にならなくなります。個人投資家はそれほど気にしないかもしれませんが，資産運用を生業とする金融機関が債券運用の失敗で経営危機に陥ることは少なくありません。

金融取引の三大リスクに，信用リスク，価格リスク，流動性リスクがあります。実は債券への資産運用は，これらすべてのリスクと無関係ではないのです。個人においても多かれ少なかれ係わりがありますから，以下，対処法を学んでおきましょう。

信用リスクと債券格付

信用リスクとは，投資した債券の元利金が約束通り支払われなくなる可能性です。債券は有価証券として売買されますが，銀行ローンと同じ融資の一種で

すから，信用リスクがもっとも考慮されます。

　銀行の場合は，融資先の審査をしたり損失の引当金を準備したりしてこのリスクに対処します。そんな技術のない私たちが債券に投資するとき参考にするのが，信用格付です。信用格付とは，格付機関が広く公衆に向けて提供する，信用リスクの大きさをABC等の簡単な記号で評価した投資情報を意味します。対象がとくに債券である場合を債券格付と言い，具体例を**表7－2**に記しました。

　最高の格付けがＡＡＡ（トリプル・エー）で，信用リスクがもっとも低い（実質的にほぼ気にしなくて良い水準）という評価です。日本には政府公認の格付機関（企業）が7社あります。そのひとつである外資系のスタンダード・アンド・プアーズ（S&P）社は，ＡＡＡ格付けの意味を「当該金融債務を履行する債務者の能力は極めて高い」と表現しています。そこから下に行くほど格付けは下がり，より大きな信用リスク評価になっていきます。

　格付の表記方法は機関によって多少異なりますが（カッコ内はムーディーズ・ジ

表7－2　債券格付の構造と意味

表　記		格付けの意味
AAA（Aaa）		当該金融債務を履行する債務者の能力は極めて高い。
AA（Aa）	＋	当該金融債務を履行する債務者の能力は非常に高く，最上位の格付け「ＡＡＡ」との差は小さい。
	無	
	－	
A	＋	当該金融債務を履行する債務者の能力は高いが，事業環境や経済状況の悪化の影響をやや受けやすい。
	無	
	－	
BBB（Baa）	＋	信用リスクが中程度…（中略）一定の投機的要素を含む。
	無	
	－	↑「投資適格」
BB（Ba）	＋	↓「投機的」
	無	投機的要素を持ち相当の信用リスクがある。
	－	
以下略		

S&P社（カッコ内；ムーディーズ・ジャパン）

ャパンの標記），構造や意味内容はほぼ同じです。Ｓ＆Ｐ社の場合，ＡＡＡの下がＡＡ（ダブル・エー），実際の格付では右肩の「＋」「なし」「－」で３つに細かく分かれます。その下がＡ（シングル・エー）になり，やはり三区分があります。以下同様に，ＢＢＢ，ＢＢ，Ｂ，ＣＣＣ，ＣＣ，Ｃと下がるにつれ信用リスクは高まります。Ｓ＆Ｐ社は最低格付をＤ（当該債務の支払いが行われていないか約束に違反がある）としていますが，格付機関によってはＣが最低です。

　それぞれの格付けの意味を一々覚える必要はありませんが，ひとつだけ記憶したいのは，運用しようとしている銘柄が**投資適格**（ローリスクもしくはミドルリスク）の範疇に入っているか否かです。Ｓ＆Ｐ社表記ではＢＢＢ（正確にはＢＢＢ－）までが投資適格です。そしてＢＢ（ＢＢ＋）以下を投機的と呼んで区別します。

格付け・債券価格・利回り

　以上にお話した債券格付けと債券価格，そして債券利回りは密接な関わりを持っています。これら３つの基本的な関係を理解すると，債券に投資する場合のその他リスク（価格リスク，金利リスク）がすっきり理解できます。

　そこでもう一度，第４週で勉強した確定利付債の利回りの公式に登場してもらいましょう。

$$r = \frac{C + \dfrac{P_n - P_0}{n}}{P_0} \times 100 \,(\%) \qquad (4-4\text{再})$$

記号は利回り r，毎期利息 C，購入価格 P_0，n 期後に手放すときの価格 P_n とします。当該債券の格付けがこれまでＢＢＢだったものがＢＢに引き下げられたものとしましょう。そうすると市場での売り（供給）が増えて買い（需要）が減るので，購入価格 P_0 が低下することになります。上の公式で価格 P_0 は分母および分子のマイナス部分に２カ所ありますが，どちらも分数で表される利回り r を上昇させるように働きます。これは，利息や将来価格を一定とすれば，より安値で買えて効率の良い投資ができ，値上がり益もその分大きくなるためです。

　しかし，格付けが下がっているのは信用リスクが高まっているからだという事実に気をつけてください。利回りrが高まるというのはあくまで「利息や将来価格が一定」である限りのことです。信用リスクが高まるということは，利息や将来価格（将来の市場価格もしくは償還予定の額面）がより大きなリスクに晒されることを意味し，場合によっては約束された通りの利息が払われなかったり額面償還ができなかったりするかもしれません。ＢＢ以下の格付けを**投機的**と言っているのは，投資適格に比べ格段に高まる信用リスクを覚悟の上で高いリターン（リスクを伴う利回りもしくは収益率）を追求するからなのです。

　以上の基本関係を理解しておいて，債券投資の他のリスクについて，考えていきましょう。

債券投資の価格リスク

　債券にとっての価格リスクは，保有債券を期中転売する場合に時々の市場価格で取引きされるために生じます。問題は，債券の市場価格が何によって変動しているかです。大きく価格を動かす要因のひとつが，上で述べた格付けの変更です。格付けが上がる（信用リスクが下がる）と需要（買付量）が増え，債券の市場価格は上昇します。反対に格付けが下がれば，供給（売却量）が増えて債券価格は下落します。これが基本的な関係です。

　ただし注意していただきたいことは，格付は現状を評価しているにすぎないということです。Ａ（シングル・エー）以下の格付けの場合には，割と簡単に変更される傾向が見られます。あまり高くない格付銘柄は潜在的に価格リスクがあるものとみなし，それを回避したければＡＡ格以上かどうかで選んだほうが無難です。ただし，リーマンショック級の危機の場合にはＡＡＡ格付けが一気に投機的格付けに引き下げられるようなことも現実に起きるので，格付けはあくまで現状評価なのだと心得て，それが不動の安心材料と思わないことが肝心でしょう。

　価格リスクと言っても，債券の場合は額面100円を中心としてせいぜい数十％程度の変動なので，価格が何倍や何分の一になる株式とは比べられません。

しかし100万円分保有していた債券の価格が仮に100円から90円に下がれば，10万円分の評価損を抱えたことになります。これが数千億／兆単位で運用する金融機関なら大変なことです。そうした観点から，債券も株式同様に銘柄分散やリバランスの対象とみなした方が良いのです。

資産全体に影響する金利リスク

　債券価格に影響するのは，信用リスクに限りません。重要なのが利子率（金利）です。たとえば中央銀行が金融引締めをして金利が上昇すると，新規発行の債券は高い利息が付くから良いですが，相対的に低い利回りとなった既発債は新発債に買換えられて価格が下落（利上げ幅によっては暴落）します。利子率変動によるリスクなのでとくに**金利リスク**と呼び，価格リスク一般とは区別されます。

　金利リスクは個別銘柄の信用リスクとは無関係に債券価値全体の低落を招くため，影響はより深刻です。

　さらに金利は株価の決定要因でもあったことを思い出しましょう。第5週（5－4）式に表した理論株価は，分母に割引率として金利が入っていますね。金利の上昇は，やはり新発債券との裁定取引によって株価を引下げることになります。株式も債券と同様，金利の上昇は銘柄分散の効果が及びません（一種のシステミック・リスク）。

　金利リスクの存在は，債券にしても株式にしても，投資先を複数国に分けたアロケーションが望ましい理由のひとつです。ただ海外投資するときは，次節で述べる為替リスクが不可避となります。

金利リスクから流動性リスクへ

　何年先になるかはわかりませんが，下がるところまで下がった日本の金利は，いずれ上昇に転ずることでしょう。金利リスクは市場全体に影響しますから，既発債を売って新発債に乗り換える動きは債券市場全体で生じると予想されます。そこにさらに追加的なリスクが存在します。

　売却は他方で，買取ってくれる相手がいてこそ実現される，それが市場というものです。もし既発債を売りたい人ばかりで買いたい人がいなければ，売りは成立しません。望んだように現金化できないリスクのことを**流動性リスク**と呼んでいます（→ 第4週）。需要がなくて供給ばかりなら価格は暴落します。将来の日本銀行は買い支えなどによってこうした混乱は回避してくれるでしょうが，たとえ売れたとしても価格がある程度下落して期待した現金額が得られない可能性は残ります。そうした危険もまた流動性リスクとして理解されています。

　債券（とくに社債）投資は，満期保有すれば安全だとは言いきれません。株式と同様，運用中にも格付の変化がないか金利が上昇する可能性はないか，気を付けておくことは資産防衛として大切です。

【演習問題7−2】

　以下の文章の空欄を埋めよう。同じ記号には同じ言葉が入ります。

　格付が低いほど信用リスクは A と判断される。格付の記号で B （S＆Pの場合）以上が投資適格とされ，それより低い格付は C という判断がなされる。格付が低下すると D が下がって E が上昇する。ただし低格付は信用リスクが高いことを意味し，利払いや F の G が高いため低すぎる格付は C とみなされる。

4．海外運用と為替リスク

外国為替（外為）リスクとは

　為替（かわせ）とは，遠隔地での代金支払いや借入返済において，それ自体リスクがありコストを要する現金移送を回避して，支払先の銀行店舗や郵便局に自分の預貯金から支出してもらうよう取引先の金融機関に指図する手形を意味しました。為替手形が使われなくなったいまも，預貯金による支払いサービ

表７-３　海外資産と海外負債の為替差益／為替差損の例

取引例	現　在	将来（例えば３カ月後）	
	１ドル100円	１ドル110円（円安）	１ドル90円（円高）
100万円の資産	１万ドル（外貨資産）	円に戻すと110万円 ⇒10万円の為替差益	円に戻すと90万円 ⇒10万円の為替差損
500万円の負債	５万ドル（外貨負債）	支払に550万円が必要 ⇒50万円の為替差損	支払は450万円で済む ⇒50万円の為替差益

スを為替業務と呼んでいます。為替業務の及ぶ範囲が国内に限定されるものを内国為替，国境をまたぐ場合を外国為替（外為，がいため）と言います。

　海外資産に投資するためには，日本円と外貨（米ドルやユーロなど）の交換を避けて通ることは一般にできません。異なる通貨同士の交換比率（rate）が，**外国為替**レートです。同レートは円などで表示した米ドル等外貨の価格とみなせます。価格ですから，市場メカニズムを通じて需要（外貨買い円売り）と供給（外貨売り円買い）の関係によって変動します。たとえばドル需要がドル供給を上回れば，円で表したドルの価格は上昇します（ドル高円安）。１ドル105円が１ドル110円になるような場合です。反対に１ドル105円が１ドル100円になるような円高ドル安は，ドル供給がドル需要を上回ったときです。

　為替（外為）リスクとは，レート変動の結果，海外資産の円で表示した金額が大きくなったり小さくなったりする可能性のことです。基本的な関係を**表７-３**にまとめてあります。為替レート変動による損失が為替差損，利益が為替差益です。海外資産に投資する場合，ドル安円高になれば円表示の資産額は低下するので損失を被り，ドル高円安になれば円表示の資産額が増大して利益を得ます。また企業等が外国銀行からドルで借入を行う場合，ドル安円高になれば円表示の負債額が低下するため，準備する円資金が少なく済むため差益となり，ドル高円安となったときにより多く返済のための円資金を用意する必要が生まれ差損となります。

為替レートが変動する要因

　それではどのような要因によって円高になったり円安になったりするのでしょうか。為替レートの変動要因は長期，短期そして超短期に分けて理解することが一般的です。

　長期の外為理論として**購買力平価説**がよく知られています。すでに裁定取引については勉強しましたが，各国で財やサービスを生産する実質的な費用が同じだと考えれば，国境をまたいだ裁定取引の結果として同一の商品は同一の価格が付けられるはずです（国際的一物一価）。違いがあるとすれば，円で表示されているかドルで表示されているかであって，その数値の違いこそが円とドルの比率すなわち為替レートであるという考えが購買力平価（PPP; Purchasing Power Parity）です。実際の為替レートは，国境をまたいだ裁定が十分には行われないことから，PPPからはずれてくると考えられます。それでもPPPはレートが長期的に均衡する方向を示すものとして，たとえば消費者物価から計算したPPPが1ドル120円で，実際のレートが1ドル110円なら，これから円安方向にレートが変動するであろうといった予想に使えます。

　同じく長期の理論で，日本と外国のインフレ（物価上昇率）格差によって円安になったり円高になったりするという考え方もあります。たとえば，アメリカがインフレである（継続的に物価が上昇している）のに日本はデフレである（継続的に物価が下落している）としましょう。そうすると日本の相対的な物価はだんだん下がっていくので購買力平価の考え方を応用すれば，1ドル120円だったものが110円に，さらに100円へと次第に円高が進行すると考えられます。

　日本の低インフレもしくはデフレ傾向は簡単に改まりませんが，実際の外為相場は単調に円高が進むことはありません。短期的な円安あるいは円高を生み出す主な要因のひとつとして，内外の金利（利回り）格差が指摘されます。たとえば日本が金融緩和政策で金利が低下する一方，アメリカが金融引締めによって金利を上昇させれば，アメリカの利回りが相対的に高くなります。そうすると円預金が解約されてドルで預金しようといった動きが生じます。円が売られドルが買われる結果として，円安ドル高になると考えられるわけです。

　そのほか米国金融当局であるFRBが金融引締めをすると予想されるだけで，将来の変動を見越した円売りドル買いによる円安方向へのレート変動が生じることもあります。あるいは貿易黒字（輸出＞輸入）が予測され輸出代金のドルによる受取りが増えて円に交換する需要が増える（円高になる）と予測されると，海外運用の為替差損を見越して今のうちにドルを円に換えようという動きが広がり，予測の段階で円高が進んでしまうこともあります。これらは超短期の要因とみなせます。

　外為レートが円高になるか円安になるか，予測を立てることは簡単ではありません。とくに個人の海外資産運用において手軽なリスク回避（ヘッジ）手段がないこともあり，ドルやユーロへの投資を躊躇させることとなります。確かに短期的には外為相場は大きく動くことがありますが，1年とか2年のスパンでみると意外に元の水準に戻っていることも少なくありません。過度に投機的に考えるのではなく，アセット・アロケーションにおける半年か1年ごとのリバランスに気を付けておくことが，私たち素人にとって重視されることでしょう。

───【演習問題7-3】───

　現在1,000万円の貯蓄があると仮定して，自分の10年後を見据えた資産運用計画を，授業知識（①銘柄分散，②アセット・アロケーション，③時間分散，④その他のリスク管理手法）を動員して，立ててください。

（字数制限；600～800字）

第8週　生活のリスクと保険（前編）
社会保険と民間保険の基本

1．はじめに

　第5週で，リスクは投機リスクと純粋リスクに大きく分かれるという話をしました。第7週まではすべて投機リスクに関する話です。株式や債券あるいは不動産への投資結果は，利益の可能性も損失の可能性も両方あります。だから銘柄分散やアセット・アロケーション，時間分散などによって損益を打ち消し合うことができたわけです。

　一方の純粋リスクは，生活や事業の途上で遭遇する病気，事故，災害などによって経済的損失を被る危険を意味します。損失のみであり利益の可能性はそこにありません。何事も起こらなければゼロ収益，何事かあればマイナス収益，どちらかです。だからリターン（期待値）がプラスになることはなく，損益の打消し合いも望めません。

　純粋リスクに対処するために先人が考え出した手段が保険です。保険とは，将来の偶然の出来事によって受ける経済的損失を加入者相互で保障（もしくは補償）し合う契約です。基本的な考え方は，同一リスクに直面している人たちがお金（保険料）を出し合い，その資金の中からリスクが現実になった人の損失を埋め合わせるお金（保険金）を提供するというものです。

　今後1年あるいは何年，何十年かの間に損失が本当になる人もいれば，平穏に過ぎる人もいるでしょう。何事もなかった人にとっても，保険料はリスクへの不安を和らげます。それだけでなく必ずどこかの誰かを救っています。保険とは助けあいの仕組みでもあります。

　保険には，社会全体でみな平等に助け合う社会保険と，個別集団ごとに保険

を掛けあう民間保険があります。社会保険は医療や年金など国民全員が関わる可能性のあるリスクに対応して，共通のセーフティネットを提供する仕組みです。民間保険は個別性の高い諸リスクに対処し，社会保険を補完するものと位置付けられます。

　第8週は保険制度全体の基本事項を取り上げ，次週でより詳細な制度や仕組みについて勉強します。次節で社会保険の概要とシステム内での位置づけについて，3節で民間保険の基本的な仕組みと概要についてそれぞれ取り上げます。そして4節で保険契約上の基本的な用語，保険契約者の義務および権利について学びます。

2．社会保険について

社会保険の概要，民間保険との関係

　広い意味での社会保険とは，国や自治体といった公的機関が運営主体となって，病気，傷害，死亡，老齢，労災，失業といった純粋リスクに対し保険を提供して国民生活を保障する制度です。

　社会保険が，文化的生活を保障するための基本的保険サービスであるのに対し，民間保険は社会保険が十分カヴァーしきれていない分野を保障（あるいは補償）するものです。個別性の高い企業保険や個人の死亡保険のように，主と

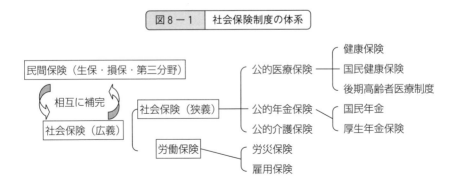

図8−1　社会保険制度の体系

して民間に任されている分野もあります。両者は相互に補完し合う関係にあると言えます。

　広義の社会保険は，狭い意味での社会保険と労働保険の2つに分けられます。狭義の社会保険は公的医療保険，公的年金保険，そして公的介護保険の3分野から成り立っています。もう一方の労働保険は，労災保険と雇用保険の2分野から成り立っています。

　以下，概要を見ていきましょう。

公的医療保険と公的介護保険

　まず公的医療保険とは，病気・傷害などの場合に，保険金給付が受けられる社会保障の仕組みです。この制度があるおかげで，高額な医療費も実際のコストの1割からせいぜい3割に抑えられ，安心して診療サービスを受けることができます。もちろん前提として給与等から一定の医療保険料，介護保険の場合も介護保険料を支払うことが義務づけられています。公的な保険も，相互扶助を基本としている点において民間保険と変わりはありません。

　公的医療保険は，保険の対象者によって3つに区分されます。健康保険は給与所得者とその家族（被扶養者）を対象とします。国民健康保険は自営業者とその家族（被扶養者）が対象です。後期高齢者医療制度はとくに75歳以上を対象としています。

　公的介護保険は身内の介護を理由として保険金が給付される制度です。給付には居住する市区町村の介護認定を受ける必要があります。

公的年金保険

　年金とは，老齢・傷害・扶養者の死亡等により失う所得を保障するため，一定金額を定期的に給付する制度のことを言います。国などの公的機関が運営主体となる場合を公的年金，民間が主体となるものを私的年金と言います。日本の公的年金制度は現在，ベースとなる国民年金に厚生年金保険が上乗せされ，さらに各種の企業年金などが上乗せされるという3階建ての構造をしています

図 8 - 2　日本の年金制度の概要

A．付加年金；第 1 号被保険者が追加の付加保険料を納付することで，老齢基礎年金に上乗せ給付される。

B．国民年金基金；第 1 号被保険者の上乗せ年金制度。同基金か付加年金かiDeCo（イデコ）か選択する。

C．厚生年金基金；厚生年金の一部を代行する企業年金。給付の上乗せや退職一時金として受取り可能。

D．確定給付企業年金；もっとも普及した企業年金で，従業員が将来受取る年額があらかじめ決まっている。

E．確定拠出年金（企業型）；企業が掛金拠出，従業員自身による運用実績次第で受取り年金額が変わる。

F．確定拠出年金（個人型）；iDeCo（イデコ）。個人が任意で加入，受取り年金額が運用実績によって変わる。

（図 8 - 2 参照）。

　年金を受給するには，一定期間にわたって保険料を納めなければなりません。**国民年金（基礎年金）**は，国内に住所を有する20歳以上60歳未満の人すべてが加入（保険料の納付）を義務付けられ，60歳以上65歳未満の人が任意で加入（保険料を納付）することができる制度です。**厚生年金保険**は，給与所得者が国民年金に上乗せして加入できる制度です。公的年金に一定期間加入していた人は，各種の年金（老齢給付，障害給付，遺族給付）を受給することが可能になります。

　ただし，学生であるなどの理由で保険料を納められない人に配慮して，保険料納付を免除する制度もあります。

　老齢給付のうち老齢基礎年金は，資格期間（10年）を満たせば65歳から受給することができます。老齢厚生年金は，基礎年金の資格期間に加えて 1 カ月以上の加入期間がある場合に65歳から受給できます。

　障害給付は所定の障害状態になった場合に支給される年金で，老齢給付と同様に障害基礎年金と障害厚生年金とがあります。

　遺族給付のうち遺族基礎年金は，国民年金の被保険者が亡くなった場合など

に，一定の要件を満たす遺族が受給できる年金です。また遺族厚生年金は，厚生年金の被保険者が亡くなった場合などに，一定の要件を満たす遺族が遺族基礎年金に上乗せして受給できます。

企業年金と個人型確定拠出年金（iDeCo）について

国民年金および厚生年金を補完するものとして，企業が従業員の老後生活安定のために任意で加入する**企業年金**（確定給付企業年金，企業型の確定拠出年金），および個人型の確定拠出年金があります。

以前は企業年金と言えば，**確定給付企業年金**のことを指していました。従業員が将来受取ることができる年金額があらかじめ決まっている年金制度です。いまでももっとも普及した企業年金です。

90年代バブル崩壊後に，確定給付企業年金の資金運用では不十分と判断した企業が，今世紀に入って選択的に一部もしくは全部の切替えを行ったのが**企業型確定拠出年金**です。原則として掛金は企業が拠出しますが，運用は従業員が各自の確定拠出年金口座を通じて自己判断で行います。その結果，60歳以降に受取り可能になる年金資産は，増えることも減ることも両方あります。

iDeCo（イデコ）という呼び名で知られる**個人型確定拠出年金**は，個人が任意で加入し自らが掛金を拠出します。その他仕組みは企業型と同じです。給与所得者が企業型と選択的に加入することもあれば，第1号被保険者や第3号被保険者が任意で加入する場合もあります。

企業型か個人型かを問わず確定拠出年金は，①転退職時に資産の移し換えが可能であること（ポータビリティ），②掛金拠出・運用・受取りそれぞれに税制優遇があること，③国民年金の保険料未納者・免除者は加入することができないといった特徴があります。

労働保険；労災保険と雇用保険

広い意味での社会保険には労働保険が含まれており，労災保険と雇用保険の2分野から構成されます。

　労災保険は，業務中あるいは通勤途中の事故などによる傷害，疾病（しっぺい），障害，死亡等に対して保険金が給付される制度です。すべての労働者を対象とし，保険料の支払い義務は雇用する側にあります。1人でも労働者を雇用する事業所は全額負担しなければなりません。

　雇用保険は，労働者が失業したとき，①失業中の一定期間における生活費，②再就職支援，③教育訓練に対して給付を行う制度です。

───【演習問題8－1】───

　以下の文章の空欄を埋めよう。同じ記号には同じ言葉が入ります。

　広義の社会保険とは国や A が運営主体となって，病気，死亡，老齢，失業といった B に対し保険を提供する制度で，民間保険とは C の関係にある。

　公的医療保険には，保険の対象者によって給与所得者とその被扶養者を対象とする D ，自営業者とその被扶養者が対象の E ，75歳以上を対象とする F の3区分がある。

　公的年金には，国内に住所を有する20歳以上60歳未満の人すべてが加入する国民年金（ G ），国民年金に加えて H が加入する厚生年金保険がある。

　公的年金を補完するものとして，企業年金（ I と企業型の J ）および個人型の J がある。企業型か個人型かを問わず J は，①転退職時に資産の移し換えが可能であること（ K ），②掛金拠出・運用・受取りそれぞれに L があること，③国民年金の保険料未納者および M は加入できないといった特徴がある。

　労災保険は，業務中あるいは N の事故などによる傷害，死亡等に対して保険金が給付され，保険料は O が全額を負担する。雇用保険とは労働者が失業したとき，①失業中の一定期間における生活費，② P ，③教育訓練に対して給付を行う制度である。

3. 民間保険の基本事項

　国全体あるいは自治体全体でリスクに対処しようとする社会保険とは違って，民間保険は一人ひとりが任意で加入し，個別的にリスク対応していこうとするものです。

大数の法則

　民間保険が事業設計の基礎としている原理が，大数の法則です。偶然に起こっているように見える同種の出来事でも，それを大量に観察していくと一定の確率が見いだされるという統計上の法則のことです。たとえばサイコロを6回振っても普通はランダムに目が出るだけで，各目が1回ずつ出るなんていわば奇跡です。でもサイコロを振る数を千回，一万回と増やしていくと，各目の出る割合は限りなく1/6に接近していきます。

　保険に関連した例をあげると，火災にあった家を一軒や二軒ながめても何の法則も見つけられませんが，ある地域の火災を大量に観察していくと一定の火災発生確率が見出せます。人の生死についても，個々人の生死は不確実なものですが，一国全体でみれば死亡率や生存率といった一定確率を見つけることができるのです。民間保険は，大数の法則から見つけ出した各種の確率に基づいて事業が組立てられます。

「収支相等の原則」と保険の仕組み

　保険は，保険料を集めて保険金を支払うというひとつながりの資金フローとして捉えることができます。保険の仕組みを理解するには，保険料と保険金の関係を把握することが重要です。まず最も基本的な両者の関係を見ていきましょう。

　保険会社など保険の運営主体に支払う保険料のうち，保険金支払いの財源となる部分を**純保険料**といいます。純保険料は，死亡率や事故発生率などの確率

数値が入手できれば以下の公式から算出できます。

（収入）　　　　　　　　　　　　　（支出）

保険加入者数 × 1人当たり純保険料 ＝ 事故発生件数 × 1人当たり保険金

式の左辺は一保険事業の収入，右辺は同支出を表します。このように保険事業ごとに収入と支出が等しくなるように純保険料が計算されることを，**収支相等の原則**と言います。これは保険事業そのものからは利益を上げてはならない，ということも意味しています。

　例えば，ある地域に1,000万円の価値の家が1,000軒あり，火災発生確率は0.2％（1,000軒に対して2件の割合）として，地域全員がひとつの保険会社と「1,000万円の火災保険契約」を結んだと仮定します。いま1人当たり純保険料をy円として公式に当てはめると，

$$1,000\,y = 2 \times 10,000,000,\ \text{すなわち，}\ y = 20,000\ \text{（円）}$$

と計算されます。この例で言えば，一人ひとりは20,000円の純保険料を負担すれば，万一の場合に保険会社から1,000万円の保険金を受取り，家の新築が可能になります。

　個々人にとっての保険の意義は，小さな負担によって大きな補償（保障）を可能にすることです。その一方で，保険の社会的な意義は，損害を被った人を加入者同士で救済し合っている点です。カヴァーされる範囲が違うだけで，そこは社会保険も民間保険もコンセプトとして共通しています。

民間保険の全体と生命保険

　民間保険は，私たちがリスクとみなす将来の偶発事故の性格によって，生命保険（第一分野），損害保険（第二分野），そして第三分野の保険に分けられます。ちなみに保険用語で「事故」とは生活や事業にダメージを与える物事すべてで，そこには病気や天災等も含まれます。詳細な解説は次週にまわして，全体的概要を説明しましょう。

　生命保険（生保）とは，将来の偶発事故の発生が，人の生死にかかわるものです。生きることも死ぬことも含みます。

　生保の特徴として，発生事故と支払われる保険金とに直接の関係がないことが挙げられます。理由は，第三者が人の生死を客観的に金銭的価値として見積もることは困難だからです。生保の目的は，亡くなった方ではなく残された家族，あるいは長生きした人の生活を金銭的困難から守る（保障する）ことにあるのです。

　生保は**定額保険**といって，契約時に定められた金額が自動的に全額支払われる方式を採ります。残された家族や長生きしたときの生活をバックアップするのに必要な金額をあらかじめ決めておくわけです。

損害保険と傷害疾病定額保険 （第三分野）

　損害保険（損保）とは，将来の偶発事故の発生によってもたらされた財産上の損害を補償するものです。

　ホショウに当てられる漢字（つまり意味）が，生保と損保で違うことにお気づきでしょう。損保では生保と違って損害が客観的に金銭的価額として見積もられ，損害の程度に応じて保険金が支払われます。たとえば2,000万円相当の家屋に2,000万円の火災保険契約を締結した場合，全焼ならば2,000万円，半焼ならば1,000万円の保険金が支払われるといった具合です。これが発生した損害を埋め合わせるのに足るだけの保険金を支払うという**実損補填**という考え方です。

　傷害疾病定額保険（第三分野の保険）というのは，原因となる出来事は損保と共通しているけれども，結果としての損失は生保の保障が当てはまるような，両方にまたがった分野をカヴァーする保険です。主なものとして，医療，介護，そして障害の3つがあります。社会保険においても一定の保障が国民に提供されていますが，必ずしも十分とは言えない部分を補完するように民間の保険会社によって各商品が設計されています。

共済について

　保険業を営む者には保険会社の他に各種の協同組合組織があり，それらが営む事業が**共済**です。その目的や仕組み，機能も保険会社が提供する生保や損保と基本的に同じです。もっとも異なる点は，共済が協同組合の出資者に限られ，協同組合という相互扶助組織の内部者間の事業であることでしょう。保険会社が対象をとくに限定しないオープンなビジネスであるのと対照的です。「助けあい」という保険本来の理念が身近に感じられるのは共済の特徴と言ってよいと思われます。

保険用語の基礎知識

　民間保険は，保険者との契約を通じて利用されるものです。保険契約上の基本用語を押さえておきましょう。

　まず損保・生保・第三分野を問わず共通する用語についてです。

　保険契約者とは，保険契約において保険料の支払い義務を負うものを指します。**保険者**とは，偶発的事故の際に契約内容に即して保険金の支払いをなすもののことであり，たとえば保険会社がそれに当たります。

　次に分野によって用語法の異なるものについてです。

　被保険者とは，保険の対象となる人のことですが，損害保険契約の場合，偶発事故発生の際に保険金を受け取る人を意味します。損保では自分自身が直面するリスクに保険をかけ，自分自身が保険金を受け取ることが一般的です。しかし生命保険契約や第3分野（傷害疾病定額保険契約）の場合は，純粋に偶発事故発生の際に保険の対象となる人を意味します。一般に生保等では，保険をかける対象の人と保険金を受け取る人は違います。保険をかけておいた人が死亡して，その家族が保険金を受け取るケースが一般的です。生保や第三分野で偶然事故発生の際に保険金を受け取る人は**保険金受取人**と呼んで，被保険者とは明確に区別しています。もちろん生保等でも，個人年金など自分にかけた保険を自分で受け取る（被保険者と保険金受取人が一致する）ことがあっても構いません（→第9週）。

─ 【演習問題8－2】 ─────────────

以下の文章の空欄（計算も含む）を埋めよう。同じ記号には同じ言葉が入ります。

保険料のうち A の財源となる部分を純保険料という。例えばある地域に1,500万円の家が5,000軒あり火災発生確率は0.12％（5,000軒に対し B 件の割合）として，地域の全員がひとつの保険会社と1,500万円の火災保険契約を結んだとすると， C の原則に基づいて1人当たり純保険料は D 円となる。

生命保険が E ，すなわち契約時に定められた金額が自動的に全額支払われるのに対して，損害保険契約では「発生した損害を埋め合わせるに足るだけの保険金を支払う」という F の考え方が採られている。

被保険者とは，損害保険においては偶発事故発生の際に G を指すが，生命保険等においては H を意味する。生命保険等においては， G のことを I と呼んで被保険者と区別している。

4．保険契約上の義務と保護

他の金融サービスを見ても，消費サービス全般を見渡してみても，取引契約上の義務は供給者の側に多く，需要する側の義務と言えば代金の支払いに限定されることがほとんどです。しかし保険の場合は，サービスを受ける側にも多くの義務が課されています。もちろん，保険も消費契約である以上，消費者としての権利は保護されます。以下，保険契約における権利義務関係について学んでおきたいと思います。

保険契約上の義務

日本では株式を保有する人の何倍もの民間保険加入者がいるのに，課された義務に無頓着であることが多いのではないでしょうか。

　まず**保険料支払義務**です。契約者が保険契約に際し，保険会社のリスク負担の対価として保険料を支払う義務のことです。法律上は第1回目の保険料が支払われることが，契約履行の条件とされています。

　次に**告知義務**です。これは契約者または被保険者が保有するリスクを保険者が知るために，自らのリスク内容（職業，健康状態等）を正しく申告しなければならないことを指します。リスク測定に必要な情報について正しく述べられなければ，「告知義務違反」として，保険会社は契約を解除できるということは知っておいて良いでしょう。

　保険契約の成立後には**通知義務**があります。これには2つあります。そのひとつはリスクの変更・増減の通知です。保険契約期間中にリスク内容が変更になった場合に純保険料の再計算が必要なことから，速やかに通知することが義務づけられています。たとえば火災保険における家の増改築，死亡保障における危険な仕事への転職などです。前者は損害の規模や金額が変更になりますし，後者は死亡の確率が高くなります。通知を怠った場合，保険会社は契約を解除することができます。

　もうひとつの通知義務が，保険事故発生に関する通知の義務です。損保の場合は事故の原因調査や適切な損害額算定の機会を逸しないためであり，怠ると保険金の減額あるいは不払いの可能性もあります。

　損害保険契約においては，損害が拡大することを防ぐ努力をしなければならない**損害防止義務**があります。具体的に言えば，火災発生時の初期消火，人身事故発生時の被害者の安全確保などです。果たされないと保険金が減額されます。

保険業者の法令順守義務

　次に，保険契約者の保護あるいは権利に関することです。

　保険業法では，保険募集の禁止行為やクーリングオフ（後述）について定められています。禁止されている行為として，①虚偽の説明，②契約内容の違法な比較行為（保険料だけの比較とか不利な部分は比較しないことなど），③告知義務違

反を勧める行為，④契約の不当な乗換え行為，⑤特別な利益の提供行為等があります。

保険法は生保・損保・第三分野を規定するとともに，契約当事者間における契約ルールも規定しています。他の金融商品と同様，保険契約も消費者と事業者の間で交わされるものですから，関連の法律が適用されます。まず**金融商品販売法**は，説明義務違反に対する損害賠償請求を可能にしています。また**消費者契約法**は，重要事項の誤認，不退去（契約が取れるまで立ち去らないこと），監禁等があった場合に契約取消が可能であることを定めています。

クーリングオフ制度

保険業法は，一定の要件を満たせば契約後も消費者側から一方的に契約を取消すことができるクーリングオフ制度を規定しています。これは保険に限らず，訪問販売や電話勧誘の場合など他の消費契約にも存在します。クーリングオフ (cooling off) とは冷却，時間をおいて頭を冷やしたあとに望ましくない契約だったと気づいたならば，それを解除できるという一種の消費者保護の措置です。

手続きとして「契約日の翌日」，または「クーリングオフについて記載された書面を受け取った日」のいずれか遅い日から8日以内に，申し込みの撤回または解除を書面で行う必要があります。ちなみに契約が未発効の場合が「撤回」，既発効の場合を「解除」と言います。

ただし以下の場合には，クーリングオフ制度は適用できません。

1）保険会社の営業所に，契約目的で出向いて契約した場合
2）保険期間が1年以内の契約
3）自賠責保険など加入義務のあるもの（→第9週）
4）法人が締結した契約
5）契約にあたって医師の診察を受けた場合

──【演習問題 8 − 3】────────────────────

　以下の各文の空欄を補充しよう。同じ記号には同じ言葉が入ります。

　通知義務として，保険契約期間中に A が変更になった場合に速やかな通知の必要があり， B に関する通知も事故原因の調査などのために必要とされる。損害保険契約においては，火災発生時の初期消火など損害が拡大することを防ぐよう努める C 義務がある。

　保険業法で定める D の禁止行為として，虚偽の説明，契約内容の違法な E ， F の提供行為等がある。

　クーリングオフの手続きとして「契約日の翌日」または「クーリングオフについて記載された書面を受け取った日」の G から8日以内に申し込みの撤回または解除を H で行う必要がある。ただし，保険期間が1年以内の契約や自賠責保険など I のあるもの，法人が締結した契約，契約にあたって J を受けた場合などは同制度が適用できない。

第9週 生活のリスクと保険（後編）
損保と生保と第三分野の基礎知識

1．はじめに

　前週では，社会保険と民間保険の基本的なしくみと制度の概要についてお話しました。第9週では，とくに民間保険の各分野（生命保険，損害保険，第三分野の保険）について解説したいと思います。

　2節では，まず損害保険の概要と具体的なサービス内容，保険料と保険金について述べます。3節では，生命保険および第三分野（傷害疾病定額保険）の各概要と各種商品を紹介し，生保の保険金および保険料の決まり方について解説します。

2．損害保険の基本事項

企業保険と家計保険

　生命保険で会社が従業員を対象に加入する場合もありますが，対象とするリスクは個人加入のものとほぼ同じです。しかし，損害保険で会社は事業上のリスクを補償するために加入するのであり，個人が加入する損保商品とは同類のものからまったく違うものまでさまざまあります。

　企業保険もしくは**法人保険**とは，保険料が，資本循環との関わりから生じることを想定した保険です。法人保険は，対象となるリスクで言うと①従業員のリスク（労災事故など），②経営リスク（事業活動を取り巻くさまざまなリスク），③財物のリスク（火災をはじめ会社財産に生じるリスク），④取引上のリスク，⑤利益減少のリスク，⑥賠償・危機管理のリスクなど，およそ想定されるビジネス上の

リスクには対応した損保商品が存在するといっても過言ではありません（それが損保会社のビジネス機会でもありますから）。

　家計保険は，保険料が家計所得から払われることを想定した保険です。本書は主にビギナーを読者にしていますから，以下は皆さんがこれからの人生で加入する可能性の高い損保サービスについて解説します。

火災保険と地震保険

　持ち家であっても賃貸住まいであっても，ほとんどの人が火災保険と無縁であることはないでしょう。また火災保険とセットで加入するのが，近年ますます注目度を高める地震保険です。

　火災保険のカヴァーする損害は，大きく２種類に分かれます。ひとつは火災・落雷・破裂・爆発などによる事故がもたらす直接被害を補償するものです。もうひとつは借家・アパートの持ち主における賃料収入の減少といった間接損害を補償するものです。

　火災保険の保険料は，他の民間保険と同様，リスクに応じた金額が適用されます。ここでリスクとは，起こりえる損害の大きさのことを指します。たとえば住居の床面積が広いほど被る可能性のある損害額は大きくなりますから，適用される保険料は高くなります。したがって保険料は物件ごとに算定されることになります。

　火災保険の契約対象は，建物と家財についての①両方，②建物のみ，③家財のみの３つの選択肢があります。自分が所有する家やマンションに自分で住む場合は①か②の選択となります（一般的には①）。物件のオーナーが第三者に賃貸する場合は②を，自分が賃貸物件に居住する場合は③を，それぞれ選択することになります。

　火災保険が保障する損害の範囲は，加入者ですらあまり意識していないのではないでしょうか。火災，落雷，破裂，爆発，風災，雹災，雪災のすべてによって被る家屋等損害に加えて，臨時費用，残存物片づけ費用，失火見舞い費用，火災が原因の傷害費用，地震が原因の火災費用，さらに消火のために使用した

種　類		補償範囲

表9−1　火災保険の補償範囲

種　類		補償範囲
住宅総合保険	住宅火災保険	火災，落雷，破裂，爆発，風災，雹災，雪災，臨時費用，残存物片づけ費用，失火見舞い費用，傷害費用，地震火災費用，消火薬剤費など損害防止費用
		建物外部からの物体の落下・飛来・衝突・倒壊，水漏れ，騒擾等の集団行為・労働争議，盗難，持ち出し家財の損害，水災

　薬剤費など損害防止費用に対しても保険金が支払われます。これはどこか気の利いた会社が売り出した新商品ではなく，どの保険会社でも扱っている**住宅火災保険**が対象としている損害の範囲です。やや保険料が高くなる**住宅総合保険**になると，表9−1に示すような補償範囲が追加されます。法人固有のリスクも含まれ，何を対象とするか契約時に選択します。ただ水災などは，法人ばかりでなく家計も選択対象に入れて良いかもしれません。

　ところで，損害額は焼失直前の時価で評価されることにも注意しないといけません。すなわち建築後に年数を経ていれば，それだけ物件の時価評価額は下がっているはずで，下りた保険金で同等の家屋等を新築するには金額が不足する可能性が高いわけです。希望するならば，建築時価値で評価される契約を締結しておく必要があります。

　地震保険は，火災保険（普通保険約款）が補償の対象としない地震・噴火・津波が原因で生じた倒壊など火災以外の損害を補償します。注意すべきは火災保険とセットでないと加入できない点です。地震保険を付帯（追加加入）した火災保険金額の30〜50％の範囲で，建物なら5,000万円，家財なら1,000万円を限度として損害が補償されます。保険金支払いは，全損なら100％，大半損なら60％，小半損は30％，一部損は5％とされます。

自動車損害賠償責任（自賠責）保険

　多くの人が自動車を所有し運転するでしょうし，すでに免許を持っている人

もいるかもしれません。ですが，自動車を所有したり運転したりすれば保険と無関係ではいられなくなります。

　自動車関連の保険は大きく，強制加入の自動車損害賠償責任（自賠責）保険と任意加入の自動車保険とに分かれます。

　自賠責保険は，自動車運転による人身事故を対象にした損害賠償に備える保険です。その目的は，加害者の賠償能力を確保し，被害者の救済を確実なものとすることにあります。そのため公道を走るすべての自動車およびバイクの所有者は，加入が義務付けられています。

　車両所有者の全員に加入してもらうので，できるだけ保険料は安くするよう配慮されています。まず保険の範囲は対人賠償に限定し，物損，運転者自身が被った損害は補償の対象外です。またすべての運転者が保険料を負担できるようにするため，リスクの大小にかかわりなく保険料は一律とされています。その一方で，補償上限が死亡3,000万円，重度後遺障害4,000万円，傷害120万円と低く設定されているため必ずしも十分とは言えません。

　自賠責保険のその他特徴として，①保険期間中に何度事故を起こしても上限の減額はなく，②一度の事故で複数の被害者が出た場合も各々の被害者に対応して限度額まで支払いが行われます。一方，無保険車（違法ですがなくはありません）による事故，ひき逃げなど加害車両不明の事故によって生じた人身事故について，政府が加害者に代わって補償する政府保障事業もあります。

任意の自動車保険

　上でみたように自賠責による保険対象は限定され，補償額も最小限度の水準です。したがって自賠責では補償しきれない自動車関連のリスクを対象とした任意加入の保険がいくつも存在します。

　たとえば自動車事故で相手を死なせた場合の賠償請求額は，5,000万円超あるいは1億円を超えることもあります。対人賠償保険は自賠責保険（上限3,000万円）による補償の不足分を補うものです。

　自賠責でカヴァーされないリスク範囲を対象とするものに①対物賠償保険，

②自損事故保険，③搭乗者傷害保険，④無保険車傷害保険（無保険車による傷害に対する保険）などがあります。

　任意加入の自動車保険は自賠責とは異なり，個々人のリスクに対応した保険料が設定されます。幅広く採用されているのが年齢条件による保険料設定です。運転者の年齢によってリスクの大きさが異なることから，年齢を基準としたグルーピングをしたうえで，それぞれに適正な純保険料算出が行われます。あるいは過去一定期間，無事故・無違反である運転者にはより低い事故率を当てはめることで，低価格の保険料を適用する保険会社もあります。

賠償責任保険

　自動車関連以外の偶然事故の結果として，第三者に対して法律上の賠償責任を負うことになった場合の損害を補償するのが賠償責任保険です。対象とするリスクによって①企業向け，②職業人向け，③個人向けの3タイプに分かれます。

　たとえば個人向けには，日常生活やスポーツ・レジャー中に生じた損害賠償を対象とするものとして，ゴルファー保険，テニス保険，スキー・スケート総合保険，ハンター保険などがあります。

実損補填の実際；保険価額と保険金額

　前週においては，実際の損害額に対応した保険金額が支払われるという実損補填の考え方について述べました。ここで「損害額に対応した」と言っているのは，必ずしも「損害額に等しい」という意味ではないことに注意が必要です。被保険者（損保の場合，保険金を受け取る人）が被る損害の最高見積額を**保険価額**と言い，保険会社の損害補填責任の最高限度額を**保険金額**と言います。上で言っているのは，両者が必ずしも一致するとは限らないということなのです。

　たとえば火災に遭遇するというリスクでは，一定の確率で火災は生じますが，その中で全焼，半焼，部分焼と損害額はさまざまです。家のサイズや材質等によってその金額は違ってきますが，各々の家についてもっとも多くの保険金が

必要になるのは全焼した場合でしょう。その時の損害額が保険価額です。保険会社からすれば，支払う可能性のある保険金の上限です。一般に保険価額は，再調達価費（その建物と同等のものを再建／購入するのに必要な金額）を基準に評価されます。

　これに対して保険金額は，保険によってカヴァーできる最大損害額のことです。もし保険金額が保険価額と一致するなら，想定される損害がすべて補償されるので心配はゼロです。このケースを**全部保険**と呼びます。しかし保険金額が保険価額を下回るならば，損害は全額補償されません。このケースを**一部保険**と言います。

　一部保険では，（9－1）式による**比例補填**が適用されます。

$$損害額 \times \frac{保険金額}{保険価額 \times 80\%\,(0.8)} = 保険金 \qquad (9-1)$$

分母の80％（0.8）は火災保険などに適用される割合です（他の損保や会社によっては異なる割合が適用されます）。例えば保険価額1,000万円，保険金額600万円，損害額900万円だったとすれば，支払われる保険金は675万円です。つまり損害額のうち225万円は自己負担となります。損害額だけの保険金が支払われるようにするには，保険価額の80％を目安として保険金額を設定すれば良いことがわかります。上の例では800万円に設定すればよいことになります。

　保険契約者の支払う保険料は，保険金額に応じて定まります。つまり全部保険となる保険金額に対応した保険料設定をすることが，損保契約の要（かなめ）と言えるわけです。

　ところで，保険価額を上回る保険金額を超過保険と言いますが，保険契約者が利益を手にすることが禁止されていることから，家が全焼しても支払われる保険金は保険価額までです。つまり超過保険は保険料を余分に支払っていることを意味し，再契約が必要です。余分に払った保険料は，再契約時に払い戻されます。

【演習問題 9 － 1 】

以下の文章の空欄を埋めよう。同じ記号には同じ言葉が入ります。

損保商品のうち，保険料が，資本循環の関わりから生じるものを A ，B から支払われるものを家計保険という。

地震や津波で生じた倒壊等の損害を補償するには C に地震保険を付帯しなければならない。

自動車保険には，強制加入で D 賠償のみ補償する E と，任意加入の保険とがある。任意加入の自動車保険によって E の支払いを超える D 賠償や F 賠償などが補償されることになる。

被保険者が被る損害の最高見積額を G と言い，保険会社の損害補填責任の最高限度額を H という。 H が G と一致するケースを I といい，I となる保険金額に対応した J に設定することが損保契約では重要である。

【演習問題 9 － 2 】

保険価額1,250万円，保険金額750万円，損害額1,060万円だったときに，次の i と ii に解答しなさい。

ⅰ．（9－1）式に当てはめたとき，保険金はいくらか。

ⅱ．損害額だけの保険金が支払われるためには保険金額がいくらになるよう設定をすればよいか。

3．生命保険と第三分野保険の基本事項

損保と比較した生保および第三分野の概要と特徴

生命保険については前週，将来の偶発事故の発生が人の「生きること」「死亡すること」に関わるものと定義しました。この定義の通り生命保険には，①

死亡したときに残された家族の生活を保障するタイプ，②将来生存していたとき生活を保障するタイプ，そして③その両方を保障するタイプの 3 種類が存在します。そして医療，介護，傷害などの生保と損保にまたがる第三分野（傷害疾病定額保険）が，主に生保会社によって運営されています。

　生保および第三分野に共通する損保との違いは定額保険であること，すなわち保険事故発生時において最初に契約した保険金額が全額支払われるという特徴です。

　とくに生保は収支相等の原則は同じでも，損保とは異なる方法で保険金ならびに保険料が算定されます。損保と比較した生保のもうひとつの特徴は，損保が全般に短期契約であるのにたいして 10 年単位の長期契約である点です。そのことが生保の純保険料計算を特徴づけています。

　以下では，生命保険の各種サービスおよび第三分野の保険サービスについて紹介し，生保の保険金および保険料の算定方法について解説していきます。

死亡時保険金以外の支払い金

　生保商品の説明に入るまでに，死亡保険金以外に受取ることのできる支払い金について述べておきましょう。

　給付金は，被保険者が入院・手術した際に受取人に支払われる金額のことを指し，給付された後も保険契約は継続します。**解約返戻金**とは，契約を中途解約した場合に契約者に払い戻される金額のことです。保険契約を資産とみなす場合には，仮にその時点で解約したとして払い戻される返戻金が資産額としてカウントされます。

　満期返戻金は，保険金が支払われる事態が発生しないまま満期を迎えた場合に契約者に払い戻される金額です。名称は似ていますが**満期保険金**は，生存保障タイプ（後述）において保険料を払い終えた満期に被保険者が生存していた場合に受領できる保険金を指しています。

死亡保障タイプ

　死亡保障タイプの生命保険は，被保険者が死亡や高度障害になったときに保険金が支払われるものです。このタイプには定期保険と終身保険の2種類があります。

　定期保険は，一定の期間内に死亡した場合にだけ死亡保険金が支払われる死亡保障タイプの生保商品です。終身保険と比べ，保険料は安くなります。満期保険金はありません。

　終身保険は，いつの時点で死亡しても死亡保険金が支払われる死亡保障生保商品です。やはり満期保険金はありませんが，解約返戻金が多いことから一種の貯蓄手段と捉えることも可能です。

生存保障タイプと生死混合タイプ

　生存保障タイプは，一定期間終了まで被保険者が生きていた場合にのみ満期保険金が支払われる生保商品です。主な商品として，貯蓄保険とこども保険があります。

　貯蓄保険は，契約満了時に生存していれば満期保険金が支払われます。流動性は高くないものの安全資産として機能します。満了前に亡くなった場合には死亡給付金が支払われますが，死亡保障としては十分な金額ではありません。

　こども保険は，親が契約者，子供が被保険者となる生存保障タイプの商品です。とくに学費準備を目的としているものを学資保険といいます。子供の進学時に祝い金が払われたり，契約満了時（18〜22歳）に満期保険金が支払われたりします。 親が死亡したときには，その後の保険料が免除される特徴があります。

　死亡保障と生存保障を兼ねた生死混合タイプもあります。**養老保険**は，一定期間内に死亡した場合には死亡保険金が支払われ，満期まで生存していた場合には死亡保険金と同額の満期保険金が支払われます。

個人年金保険

　個人年金保険はあえてタイプ分類すれば生存保障ですが，年金という特殊な支払い形態を有するため他とは区別されます。公的年金プラス・アルファの生活資金を確保する手段として，民間の生保会社に財源となる保険料を支払っておき，老後に年金として受取ります。

　個人年金保険には3タイプあります。**有期年金**は，年金の支払い期間が一定期間で，同期間中に被保険者が死亡した場合は支払いが打ち切られます。**確定年金**は，年金の支払い期間が一定期間である点は有期年金と同じですが，被保険者の生死にかかわりなく一定期間中は年金が支払われます（死後は親族が受取る）。**終身年金**は，被保険者が生存している限り年金が支払われる点に特徴があり，さらに一定期間中は被保険者が死亡しても遺族に年金が支払われる年金総額保証付終身年金もあります。

傷害疾病定額保険 (第三分野の保険)

　生保と損保にまたがる分野として，医療，介護，傷害などの保険があります。民間保険会社が提供する**医療保険**は，公的医療保険による保障を補完する商品です。基本保障として災害入院給付金，疾病入院給付金，手術給付金が受領できます。保障対象を「がん」に特定した医療保険が「がん保険」であり，①がん診断給付金，②がん入院給付金，③がん手術給付金などを受取ることができます。

　民間介護保険も社会保険を補完する商品です。公的介護保険と同様，寝たきり・認知症に関する所定の認定を市区町村から受ける必要があります。具体的なサービスとして，①公的介護保険による給付対象外のサービス利用への費用補償，②介護のための退職・転職に伴う収入減から派生する生活費の補償などがあります。

　傷害保険は「急激かつ偶然な外来」の事故によって身体に傷害を被り，直後の結果としての死亡，後遺障害，入院・通院などを対象とする民間の保険です。保険金を受取るには，①原因となった事故と結果としての傷害までに時間的隔

たりがないこと（突発性），②原因または結果あるいはその双方に予測できない状況が含まれていること（偶然性），③傷害の原因が身体外部からの作用によるもの（外部性）などの諸条件を満たしている必要があります。

【演習問題 9 − 3】

以下の文章の空欄を埋めよう。同じ記号には同じ言葉が入ります。

死亡保障タイプの生保は，保障が一生涯続く A と一定期間内に死亡した場合に保険金が支払われる B に大別され，C 性が高い前者に対して後者は相対的に D が安くなっている。生存保障タイプのこども保険は E に合わせ祝い金が支払われ契約者である親の死亡時には E が免除となる。

個人年金保険のうち F 年金は，年金支払いの期間が一定という点で G 年金と共通だが，被保険者の生死にかかわりなく一定期間中は年金が支払われる点で G 年金と相違する。

傷害保険は「急激かつ H な I の事故」によって傷害を被ったことによる損害を補償する。H とは原因や結果に J 状況が含まれていること，I とは傷害の原因が K からの作用であることを意味する。

何によって生保の保険金が決まるのか

　生命保険は，保険事故が発生すれば最初に契約した通りの保険金が満額支払われる定額保険であると述べました。問題は，その金額が何にもとづいて決められるかです。生保の目的は，死亡保障にしても生存保障にしても将来生きている人間の生活を支えることです。すなわち生活を経済的にバックアップするのに必要な金額こそ，支払われるべき保険金でなければなりません。これを**必要保障額**と言います。

　死亡保障タイプを例にとって説明します。この場合の必要保障額は，世帯主が死亡した後に遺族の生活を保障するために必要とされる金額で，見込まれる遺族の支出総額から遺族の総収入を差し引いて計算します。一例として支出総

額は，①末の子供が独立するまでの遺族生活費（現在の生活費の70％），②末子
独立後の配偶者生活費（現在の生活費の50％），③その他必要資金（葬儀費・教育
費・住居費・緊急予備費など）を合計します。次に総収入は，①社会保障・企業保
障（遺族年金や死亡退職金など）に②保有金融資産を足し合わせます。

　適切な保険金額（そして保険料）を設定するために必要保障額の計算は大切で
す。次の演習問題を解いてみましょう。

【演習問題9－4】

　配偶者（子供なし）の現生活費月額35万円，その他必要資金500万円，
社会保障1,500万円，企業保障800万円，保有金融資産500万円，世帯主
死亡時の配偶者余命30年とすると，必要保障額はいくらでしょうか。

生保における保険料の構造，および剰余金

　上の方式で保険金額を先に決めておいて，次に以下の考え方にしたがって保
険料を算定します。

　まず将来支払う保険金の財源部分としての純保険料を求めます。純保険料は
基本的に，生保も損保も前章で示した収支相等の原則にしたがって計算されま
す。再掲しておきましょう。

　　　　　　（収入）　　　　　　　　　　　　（支出）
保険加入者数 × 1人当たり純保険料 ＝ 事故発生件数 × 1人当たり保険金

　左辺の保険加入者数は，事業規模により決まります。右辺の1人当たり保険
金は，先述の必要保障額です。事故発生件数は，厚生労働省が5年に一度，全
国統計として公表する**生命表**から求めます。こうして1人当たり純保険料は算
定されます。ただし私たちが実際に支払う保険料は，純保険料そのものではな
く次式で表される営業保険料です。

　　　　営業保険料 ＝ 純保険料（A－B）＋ 付加保険料（C）　　　（9－2）

純保険料自体も，（Ａ）生命表から計算した金額から（Ｂ）**責任準備金**の運用
によって得られる予想収益を差引いて計算します。責任準備金とは，保険会社
が将来の保険金や給付金の財源として積み立てた保険料です。保険契約が長期
にわたるため積立金は長期国債などで運用され，受取った利息もまた積立てら
れて複利運用されていきます。純保険料は，その運用益の分だけ少なく済みま
す。そこに（Ｃ）保険事業の運営・維持費用に充当される**付加保険料**を加算し
て，私たちが実際に支払う保険料（営業保険料）が算出されます。

　責任準備金の運用で予想される利回りを**予定利率**といいます。(9−2) 式の
ＡとＣを一定として，①予定利率を高く設定すればＢが大きくなり営業保険料
は安くなりますが，②予定利率を低く設定すればＢが小さくなって営業保険料
は高くなります。実際の利回りが予定利率を下回るリスクを考慮して，一般に
予定利率はいくぶん低めに設定します。

　予定利率に限らず，もし確率から求めた保険料が不足して保険金が支払えな
かったら困ります。それで高めの死亡率，高めの事業費率によって (9−2)
式のＡやＣも算定されます。もし何事もなければ，事後的な営業保険料の「集
め過ぎ」により，上のＡＢＣに関連した３つの源泉から剰余金が発生すること
になります。

　死差益は，Ａと関連して事後的な死亡率が予想死亡率を下回ったときに生ず
る剰余金です。Ｂと関連するのが利差益で，事後的収益率が予定利率を上回っ
たときに生ずる剰余金です。費差益は，事後的な営業費用が予想費用を下回っ
たときに生ずる剰余金でＣと関連します。いずれも配当金等の形で，保険契約
者に還元がなされます。もちろん剰余金を受取るより安い保険料の方がよいと
いう顧客もいますから，剰余金配当のない保険料が低めの生保商品も存在しま
す。

　一方で，事後的死亡率が予想死亡率を上回ったり，実際の利回りが予定利率
を下回ったり，事後的営業費が予想営業費を上回ったりする諸リスクは，保険
会社自身が引受けます。どれだけのリスク許容度（支払い余力）があるかを示す
指標が**ソルベンシー・マージン比率**です。規制によって，保険会社には同比率

が200％以上であることが要求されます。

【演習問題 9－5】

　以下の文章の空欄を埋めよう。同じ記号には同じ言葉が入ります。

　営業保険料は A と付加保険料の合計で，A は B によって算定された保険料から積立部分（＝ C ）の運用による予想収益を引いた金額である。その予想収益の利回りが D であり，事後的利回りがこの D を E ときに生ずる剰余金を利差益，また事後的な営業費用が予想費用を F ときに生ずる剰余金が G である。

　生保会社のリスク許容度を示す指標が H 比率で，規制によって I なければならないとされている。

第10週　個人ローンの合理的利用

1．はじめに

　第9週までは主に貨幣を運用，余剰資金を貯蓄・投資したり保険料を払ったりする立場から考察しました。今週からは貨幣を調達すること，つまり不足資金を借りたり出資してもらったりする論点が加わってきます。

　何が一番変わるかというと，それは利子・金利の捉え方です。

　利子はこれまで収入の一部でした。しかし調達する側からすると，利子は費用になります。これまではできるだけ多い方が良かったものが，立場が逆転すると，できるだけ少なくしたい存在へと変わります。貨幣を動かすタイミング（高金利のときか低金利のときかなど）が運用の場合と逆になるなど混乱するかもしれないので気を付けてほしいと思います。

　第10週は，資金調達に関する最初の勉強として，個人のローン利用（消費者信用）について基礎から学んでいきます。

　2節ではライフサイクルの観点から，消費者ローンの存在意義について考えます。キーワードは人生全体でみた幸福最大化です。

　3節では，幸福最大化の前提となる合理的な消費者ローン利用について考えます。「御利用は計画的に」など注意が目立つ消費者信用ですが，それはファイナンスの観点から不合理な利用が多いからに他なりません。何が合理的で不合理なのか一般論を述べた後，4節で具体的な消費者ローン商品に当てはめて，合理的な利用法を考えていきます。

　しかし，人はなかなか合理的（理性的）にばかり行動しないことが行動経済学の視点から指摘されています。5節において，そうした人間行動の非合理性

を前提としたうえで，ローン利用で注意すべき諸点について考えます。

2．ライフサイクルと借入・貯蓄

個人にとって借入は何のため？

　あなたはこの問いにどう答えますか。「お金が足りないから」というのが一般的な返答でしょうか。だけれど足りなくなった原因が使い過ぎや無駄遣いだったとしたら，借りないで節約した方が良いという意見もあるでしょう。あるいはずっと節約して貯金を続けていれば，ローンなんて必要ないという話に行き着くかもしれません。

　上の質問に対して，現代ファイナンス論はすでに答えを出しています。キーワードは**消費の平準化**です。その理論的ベースが，**限界効用逓減**という経済学の考え方です。これは低い水準で消費を増やすと効用（消費から得られる満足感）は大きく増加するが，高い水準で消費を増やしても効用の増加幅（限界効用）は小さいという経験的の法則です。

　限界効用について定義すると「消費を1単位増やしたときの効用の増加幅」となります。

　図10－1の横軸は消費量，縦軸は効用水準をとっています。たとえば非常

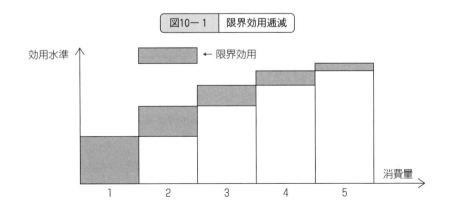

図10－1　限界効用逓減

に飢えているとき，1日1回の食事は（ゼロと比べて）非常に大きな効用を与えるでしょう。そして朝晩2回に食事の回数が増えれば，さらに大きな効用を得るでしょう。しかし効用の増加幅（**限界効用**）は，1回の食事にありつけたときに比べれば小さなものです。朝昼晩の3回となればさらに効用は増大しますが，限界効用はもっと小さくなります。人によるでしょうが，もし1日の食事が4回，5回と増えていけば限界効用は（たぶん急激に）縮小していくことでしょう。そうだとすれば，1日3回の食事で安定させておくことがベストだとわかります。

　時給アルバイトで収入を得ていたとして，仕事量が月ごとに大きく変わるために給料が不安定に変動したとしましょう。ある月は仕事が少なく，住居費などの固定費を差し引いた食事が1日1回分ないし2回分しかなかったとしたら，仕事が増える来月に返済するとして食費分を借り入れることで効用は大きく上昇します。またある月は仕事が多く，生活費を賄うのに十分すぎる収入だったとしたら，1日4回や5回に食事を増やすよりも，食事は1日3回にして貯金するか過去の借金を返すかして食費を安定させた方が，今月と来月以降を合わせた効用（トータルの効用）は大きくなります。

　つまり長い目で見て消費（上の例では食事量）を安定化（平準化）させた方が，長期的な効用を高めることができるということです。その消費平準化のために，収入が平均以下のときは借入，収入が平均超のときは返済か貯金が合理的選択になります。

　上ではわかりやすい例として収入不安定なケースで説明しましたが，自分は（見込みも含め）将来安定と思っている人も，人生トータルで考えれば，決して収入は平坦ではないはずです。次に消費平準化を生涯全体に広げて，貯蓄と借入の意義について考えてみましょう。

ライフサイクル仮説

　まず話の土台として，ライフサイクル仮説について述べます。ライフサイクルとは，①若年期は低所得で，②キャリアを積むにつれ所得が上昇し，③リタイア後再び低所得になるという，一般的な人生の周期を表しています。

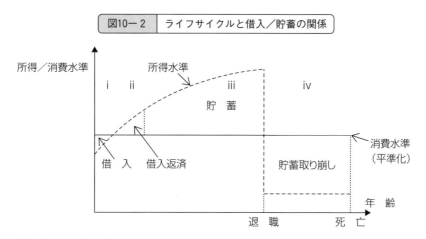

図10－2　ライフサイクルと借入／貯蓄の関係

（出所）福田（2020），p.26 を一部改変。

　所得は年齢に応じて増減するものですが，一生涯を通じた効用を最大化するために，消費はできるだけ平準化することが肝心です。

　若年期，消費が所得を上回るならば，将来の収入増加を期待した借入（マイナス貯蓄）も合理的な選択と言えます。やがてキャリアを積むにつれ，消費を所得が上回るようになれば，余剰資金（所得－消費）を借入の返済に充てます。借入返済が完了してからは，余剰資金は将来所得が減少したときのために貯蓄します。そして退職後，貯蓄を取り崩して年金など少なくなった収入を補うことで消費の一定水準が維持されます。こうすることで人生トータルの効用最大化を実現できます。

　ライフサイクル仮説に基づく消費平準化の議論は，人の一生をシンプルに見ているので違和感があるかもしれません。

　第一に，失業，事故，疾病といった人生の途上で出くわすリスク（純粋リスク）の存在が考慮されているように見えません。実は，考慮されていないというよりも，合理的に予測できて貯蓄で対応できると想定されているのです。自分の死亡時期もわかっていて，人生の最終日に貯蓄を使い果たすとすら仮定されています（！）。こういう完全予想の設定（昔の経済学では当たり前みたいにあり

ました）は現実には当てはまらないので，社会保険や民間保険が存在します。

　第二に，住宅や自動車といった大型支出に対して借入を行うという想定はありません。そうした耐久消費財の購入にローンを利用するという発想は，単純なライフサイクルには出てきません。第三に，ライフサイクル仮説が一世代経済モデルという点です。どういうことかというと両親や祖父母，子供や孫の世代の存在が捨象されていて，資産（遺産）を受け継いだり残したりするという観点が存在しないことです。以上２点目と３点目はモデルを多少複雑にすれば対応可能なので，指摘するだけに留めておきましょう。

　より本質的な問題は，人間が合理的に行動することを前提にしている点でしょう。近年は行動経済学の立場から，人は必ずしも合理的には行動しない，反理性的に行動してしまうゆえに借入で失敗することもありえるといった指摘がなされます。行動経済学から観た注意点については５節に述べます。次節ではまず合理的なローン利用とは何かについて考えましょう。

【演習問題10－1】

　以下の文章の空欄を埋めよう。同じ記号には同じ言葉が入ります。

　ライフサイクル仮説に従って，ＡＡは生涯を通じて Ｂ した方が Ｃ は大きくなる。これに従えば若年期 Ａ が Ｄ を上回り，Ｅ がマイナスになる。キャリアを積んで Ｄ が増大し Ｅ がプラス転換すると Ｆ が返済され，やがて老後に備えた Ｅ になる。退職後は Ｅ が取崩され Ａ に充てられる。実際は，死亡時期などの不確定性，耐久消費財の購入等で Ｇ を利用するなど単純なライフサイクルから外れることも多い。

【演習問題10－2】

　ライフサイクルの観点から金融商品（貯蓄や借入）を利用することの意義とは何でしょうか。160字から200字でまとめましょう。

3．合理的なローン利用とは

借入はいつするか，貯蓄はいつするか

　ライフサイクル仮説では若年期に借入をしますが，ここでの前提は将来，自分の収入が増えて返済が十分できると見越していることです。また返済が完了してからは，将来の収入減を予測して贅沢しないで貯蓄に励んでいます。いずれの時期も「現在の収入」と「将来の収入」の両方を勘定に入れ，借入や貯蓄を実践しています。

　貯蓄については第2週で勉強しました。平準化という言葉は使いませんでしたが，将来少なくなる収入を前提として現在の消費を抑制（貯蓄）することで将来の消費水準を高め，人生トータルの効用を最大化していました（図10－3左側）。借入は貯蓄とは反対のパターンです（図10－3右側）。借入をするのは，将来の所得が現在の所得を上回ると見込まれるときです（$Y_0 < Y_1$）。たとえ借入（D）を行っても，将来の消費（C_1）は十分大きな水準が保たれます。そのような場合は借入によって現在の消費（C_0）を高め将来消費との平準化を図り，人生全体の効用を最大化します。

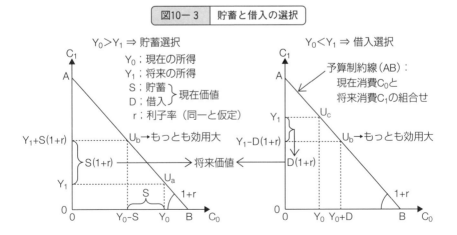

図10－3　貯蓄と借入の選択

合理的な借入と返済

　それでは合理的な借入とは何かについてあらためて考察しましょう。

　消費平準化が借入の目的とするならば，借入は将来の所得上昇が見込まれるときに限定されるべきです。借入は返済（一定期間にわたる義務的支出）を伴うため，将来の消費は抑制されます。もし将来の所得上昇が期待できないとき（$Y_0 = Y_1$と仮定しましょう）に借入をすれば，将来の消費（$Y_1 - D(1+r)$）は現在の消費（$Y_0 + D = Y_1 + D$）を下回ります。

　借入返済によって減少する将来の消費を一定に保つとすれば，減少分と同じだけ追加借入をするのでは足りず，さらに現在と同額の借入を上乗せする必要があります。つまり，

$$\text{追加借入（太字部分）}；Y_1 - D(1+r) + \boldsymbol{D(1+r) + D}$$
$$= Y_1 + D = Y_0 + D$$

　２期間だけで見ていますが，実際にこれを続けていくと雪だるま式に負債残高を増やすことになり，個人破産等が待ち受けます。

　ここで利払い（$-rD$）に注目しましょう。貯蓄の場合，利子は，貯めたお金以上に将来の消費を高めてくれる悦ばしい存在でした。しかしながら借入の場合，借り入れたお金以上に将来の消費を減らす厄介な存在です。家や自家用車といった耐久消費財を購入する場合などローンを利用する目的は多様ですが，いかなる場合も，将来の消費低下を余儀なくする利払いは低く抑えることを考えるべきでしょう。

　利払いを抑えるポイントとは何か。貯蓄の場合も借入の場合も利子率（r）を一定とすれば，利子（rD）は元本（D）に比例します。つまり負債残高（元本 D）が大きくなるほど利払いという「借入費用」は高く付きます。次に，負債残高（D）を一定とすれば，利子（rD）は利子率（r）に比例します。さらにもうひとつ，トータルで見た利払い費は，借入期間が長くなるほど多くなります。それはそうです。負債が残っている限り，利子は毎期支払わなければならないものだからです。したがって，利払い費を低く抑えるために考えるべきことは

3点です。
　　1）負債残高をできるだけ低く抑制すること
　　2）できるだけ低い利子率（低利）で借り入れること
　　3）返済はできるだけ早めに進めること

借入利子率について

　上記の2，できるだけ低い利子率（金利）で借入をするにはどうしたらよい
のか。これは家計（個人）に限らず，企業（法人）も必要資金を調達するときに
考慮しなければならない重要なポイントです。

　ヒントは，第3週で勉強してから何度か出てきているリスクプレミアムにあ
ります。リスクプレミアムとは，リスクを取る見返りに要求される利子率ある
いは利回りの上乗せ分のことでした。資金の貸し手あるいは運用者が危険回避
タイプである限り，リスクが高くなるほどプレミアムも高くなります。

　いまお金を借りる側に身をおいて考えると，プレミアムを付けられるのは自
分自身のリスクに対してであると気づきますね。簡単に言うと，自分の信用リ
スクが低ければ低プレミアムすなわち低利で借りられるけれど，自分が貸し手
からみて高信用リスクなら，高プレミアムすなわち高利でしか借りられないと
いうことになります。

　個人にお金を貸してくれる金融機関として，銀行や信用金庫，貸金業者など
があります。これら機関が個人のリスクを測定する主な手段が**クレジット・ス
コアリング**です。これは借り手の信用度（元利払いの確実性）を項目ごとに点数
化して，その合計点によって融資可否や利率を迅速かつ客観的に決定する方法
です。個人の場合の審査項目として，年齢，住居形態，勤務先，年収や勤続年
数，負債の有無（もしくは残高）などがあります。低利の融資を受けるためには，
スコアリングの各項目で高い評価を得る必要があります。たとえば借入時点で
一定以上の負債があれば点数は低くなり，少なくとも低利の新規借入れは困難
になります。

　しかしながら，同じ信用状態の個人であっても，融資する金融機関によって

貸出利率に相当バラつきがあります。無担保で個人が借入れできるカードローンの金利で、もっとも高リスクな個人に適用される最高金利で比較すると、貸金業大手4社が18％であるのに対し、信用金庫では平均約14.2％となっています。また同じ信金でも最低の4.5％から最高は16.5％とかなり開きがあります（22年2月末時点、信用金庫には会員・非会員で区別がある場合もあります）。もちろん金利は高くても融資が受けやすかったり、低くても審査を通りにくかったりするので、単一のモノサシによる比較では不十分です。そうであってもネット社会の利点を活かして、全国の金融機関を比較することには、大きな意義があります。

4．さまざまな消費者ローン

　以下では、個人が利用する可能性のある各種ローン商品について、ここまで学んできた合理的ローン利用を念頭において、概要と特徴、留意点を述べていきます。

不動産購入と住宅ローン

　住宅ローンは、もっとも多くの個人が利用する信用サービスといえます。その特徴は、購入物件を担保に取ることから他の消費者ローンに比べ低利である一方、借入金額が比較的大きいことです。

　では、利払い費節約の3カ条（①元本抑制、②低利借入、③早期返済）に当てはめて、合理的な住宅ローン利用について考えましょう。

　まず元本を少なくするには、物件購入金額のうち借入に頼る割合をできるだけ低くして、自己資金で賄う部分を大きくすることです。不動産購入では、物件価格の3割を自己資金で準備すべしとよく言われます。

　ここでいう3割の内訳は、頭金20％、諸経費10％です。頭金とは、ローン分割返済における最初の支払い額のことです。2,500万円の住宅だと頭金は500万円です。急に支払える金額ではないので、あらかじめコツコツ貯めてお

かなければなりません。もっとも最近の銀行は，頭金なしで住宅ローンを提供してくれるところも少なくありません。それでも購入金額の1／5くらいは貯金しておいて借入を4／5くらいに抑えた方が，将来，返済費用の抑制につながります。

　諸経費は，不動産会社への仲介料，登記関連の税金，家具・電化製品の購入費用その他転居関連の費用などです。これらまで借りるのは元本抑制の観点から望ましくなく，やはり自己資金として準備しておくべきです。

　頭金を貯めるのに適した方法が，**財形住宅貯蓄**です。これは，会社員や公務員など勤労者（55歳未満）が，持家取得を目的として銀行などと契約する貯蓄サービスです。5年以上にわたって賃金からの控除（天引）により，事業主を通じて積み立てていく方法です。財形年金貯蓄と合算して550万円まで利子非課税となるなど優遇措置もあります。

住宅ローンの借入金利と返済方法

　十分な自己資金が準備できたら，住宅購入資金を借り入れます。注目点は金利ですが，固定か変動かで水準が異なります。一般的なローンでは，固定金利の方が変動金利よりも高く設定してあります。だったら変動金利を選択した方が良いと早合点してはいけません。

　固定金利型は，申込契約時の金利が返済終了まで一定のローンです。第3週で勉強した定期預金の場合，これから金融緩和が行われ金利低下が予想されるようなとき，固定金利で預け入れると継続して高金利が享受できました。だが自分が借りる場合は逆です。むしろこれから金融引締めによって金利上昇が予想されるようなときに低利で固定した方が，将来の利払いを少なくすることができます。

　変動金利型は，半年ごとに適用金利が見直されるローンです。定期預金なら金利上昇時に有利でしたが，借りる立場では逆になります。金利低下前の高金利期に変動型を選択すれば，後々支払う利子を減らしていくことができます。

　他に固定金利選択型ローンもあります。これは返済初期の2年か5年は固定

にしておいて，後で固定か変動かあらためて選択できるタイプです。先が見通せないときなど考えてみても良いでしょう。

　次に返済方法について見ていきましょう。個人ローンは毎月分割返済するのが一般的ですが，分割方法に２種類あります。

　元金均等返済は，その名の示す通り，元金（元本）を毎月均等に返済する方法です。元金と合わせ利子も支払っていくのですが，支払い利子は元金残高に比例する点が重要です。図10－4（左図）に示されたように，毎月の支払い利子は一定の割合で減少していきます。次の元利均等返済に比べて，元金を早く返済するため支払う利息が少なく済んで，最終的な支払い総額を低くできるというメリットがあります。もちろんデメリットは図を見ての通り，返済当初の負担が重く家計を圧迫することにもなる点です。

　元利均等返済は，元本と利息の返済合計を毎月一定にする方式です。図10－4（右図）に示したように均等な支払いの内訳として，当初は利払い分が多く，やがて元本返済が割合を高めていきます。元金均等と比べて，返済する元金に違いはありません。しかし元金の減少が元利均等の方が遅くなる分，最終的な支払総額は多くなってしまいます。返済当初の負担を軽くするなら元利均等，支払総額を抑制したいなら元金均等といったところです。

　ただし元金は早く返済した方が利子節約になることは事実です。仮に元利均

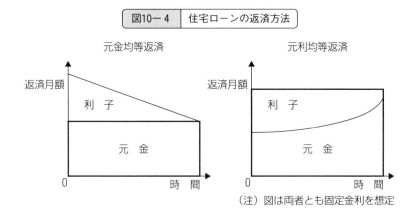

図10－4　住宅ローンの返済方法

（注）図は両者とも固定金利を想定

等返済を選択しても，**繰り上げ返済**を実行すれば元金を早く減らすことができます。つまり財形一般貯蓄など天引き方式で貯めた資金を払い出して返済の前倒しに当てれば，最終的な利払い額を抑制できます。

目的を限定しない個人ローン

　個人向けローンには，住宅・自家用車など耐久消費財購入，あるいは学資など借入目的が限定されたローンと，借入目的を限定しないローンの２種類があります。借入目的を限定しない個人ローンは，さらに無目的ローンと無担保ローンとに分かれます。違いは，無目的ローンと呼ばれている方が有担保のローンで，それに対する無担保のローンというわけです。

　まず有担保である無目的ローンについて見ていきます。ここでの担保は，借手が銀行に保有する定期性預金を指しています。銀行が個人向けサービスとして広く提供している総合口座貸越（かしこし）は，定期預金残高の一定割合（多くは90％）までを流動性預金のマイナス残高として自動的に融資してくれるようにする契約です。つまり総合口座貸越の契約者は，普通預金の残高を越えてATM機から現金を引出しても，同じ銀行に保有する定期預金残高の９割まで申し出なしに借入が可能なわけです。借入だからもちろん日割りで利子を払わないといけませんが，有担保なのでそれほど高利にはなりません。およそ定期預金金利に0.5％程度上乗せした金利になります。ゆうちょ銀行には貯金担保自動貸付という定額貯金等を担保にする無目的ローンがありますが，内容的には他行における総合口座貸越と同じです。

　無担保ローンは担保不要で，貸付ける目的を限定しないローン商品です。担保がないので金利は高くなります。種類としては，銀行や信用金庫・信用組合などのカードローン（金利～15％），クレジットカード会社のキャッシング（金利～18％），貸金業カードローン（金利～18％）などです。

　無担保ローンの返済方法には，一括払い（１回払いでの返済）と分割払いとがあります。クレジットカードによるショッピングの場合，日本では一括払いなら無利息で無手数料と優遇される傾向がありますが，分割払いでは有利息で有

手数料となります。

　カードローンの返済に多く利用されているのが，リボルビング方式による返済（いわゆるリボ払い）です。リボ払いとは，①利用限度額の範囲内で，②利用金額や件数にかかわりなく，③毎月，原則として負債残高の一定割合（もしくは一定金額）を銀行等に返済していく方式です。利用側からすると，月々の返済費用が抑制されるので負担が少なく感じられるのですが，裏を返せば元本が減りにくいということなので，意識していないと負債残高が膨張してしまいます。

　リボ払い債務者が返済不能に陥ったり自己破産したりする原因に多いのが，リストラなどによる転職や失業，事故や疾病によって所得が減少したり支出が急増したりして，払えていた金額が払えなくなることです。無担保ローンに限らず個人ローン全般において，何かあったときにどこまでなら返済可能であるかを考慮に入れて借入は決定した方がよいでしょう。

【演習問題10－3】

　以下の文章の空欄を埋めよう。同じ記号には同じ言葉が入ります。

　不動産購入では，物件価格の３割は A で賄うことが一般的とされ，この A を準備する方法として，残高550万円まで利子非課税の B がある。

　住宅ローン金利で，固定金利型は C に有利である一方，変動金利型は D に有利とされる。住宅ローンの返済方法で， E 均等返済は F 均等返済よりも E を早く返済するため G を抑えられる一方で， H の負担額が重くなるデメリットがある。

　総合口座貸越は， I 残高の一定割合を J のマイナス残高として融資するもので，融資金利は K ＋0.5％程度である。

　 L は担保不要で貸付ける商品で，リボルビング方式の返済は M の範囲内で，利用金額や件数にかかわりなく毎月一定金額もしくは N の一定割合を支払っていくもので，月々の返済額は少ないが N が膨張しやすいなどのリスクがある。

5．個人ローンの行動経済学

　ライフサイクル仮説に基づいた消費の平準化計画において，いろいろ現実離れした前提があることはすでにお話しましたが，人間が合理的・理性的に行動できるという前提もそこにあります。しかし最近は，人間がむしろ不合理で非理性的に行動する傾向があることを行動経済学が実証して，説得力を持った問題提起をしてくれています。

　ここまで合理的なローンの利用法についてお話してきました。しかしながらよほど意識していないと，私たちは理屈とは逆方向に動いてしまいかねないという事実に注意喚起しておきたいと思います。

計画性欠如や自信過剰

　行動経済学によって指摘される，私たちが陥りやすい不合理性のひとつとして，**計画性・自己抑制の欠如**があります。これは将来の結果を深く考えず，その場その場の欲求にしたがって現在の行動を選択してしまう傾向です。

　併せて，人によって違いはありますが，**自信過剰**と**楽観主義**の傾向が強いと，さらに無計画性が助長されてしまうことになります。「自分はぜったい大丈夫」「ぜったい過重債務にならないし返せないようなことはぜったいない」が自信過剰です。楽観主義は「なんとかなるでしょう」「そのうち良くなるでしょう」で，精神衛生的によいこともありますが未来はリアルにやってきます。

　ファイナンスの言葉で表現すれば「リスクを正しく評価できない」ということです。正しくリスクを認識できていないと，時間の経過とともに不確実性が薄れるにつれて過去にした決定を後悔することになるわけです。

双曲割引と現在バイアス

　個人ローンの合理的利用を妨げる最大の要因と考えられるのが，双曲割引という消費者効用に関する性質です。これも人によりさまざまなところがあるの

で，自分はどのくらいその傾向が強いか吟味しておいてください。

　双曲割引は，割引率が時間に関して逓減的であるケースと定義されます。将来価値を「1＋利子率」で割って現在価値を求めたときの分母にあった利子率のことを割引率と呼んでいました（→第5週「2. 裁定均衡と理論価格」）。客観的に価値計算するときには利子率を使いますが，いまは消費の効用なのであくまで「主観的」な割引率（時間割引率と言います）です。時間割引率で求めた現在価値のことを**主観的価値**と言います。

　「割引率が時間に関して逓減的」とは，たとえば1週間後の10万円を現在の主観的価値に割引くときの割引率が，20週間後の10万円を19週間後の価値に割引くときの割引率よりも高いということです（図10−5）。このような時間割引率が直近に近いほど高くなる傾向を**現在バイアス**と呼んでいます。

　小中学校の夏休みを思い出しましょう。7月前半に先生に提出した計画では，宿題や自由研究を7月後半から8月末まで均等にこなすはずでした。もちろん人によって程度の違いはありますが，いざ夏休みが始まると勉強が後ろ倒しになっていった経験はないでしょうか。数週間前には思ってもみなかったのに，

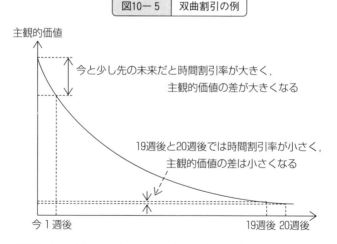

図10−5　双曲割引の例

（出所）http://www.nissay.co.jp/enjoy/keizai/110.html より改変。

夏休みがいまリアルになると，明日明後日の勉強の苦労は大きく割り引かれて今日の遊びの効用に大きなウエイトをおいてしまう…現在バイアスとは，いま目の前にある利益を優先してしまう傾向です。そのため双曲割引の程度が強くなるほど「後回し行動」が引き起こされやすくなります。

　個人ローンに当てはめましょう。いま目の前に魅力的な消費機会があると，その喜びが返済の苦労（のイメージ）を上回るので，ついついカードを使って自動引出機から現金を受取ってしまいます。目の前の消費の魅力が大きく感じられるために，直近の借入であれば高金利でもまあ良いと思えます。あるいは少額であれば高い金利でも大丈夫と思えてしまいます。それを繰り返すと，将来所得からでは返済困難な状況（**過重債務**）に陥る危険が高まるわけです。

　行動経済学では，客観的には非合理的に見える行動も，個人の弱さとしてではなく，人あるいは動物が持つ基本的性質として捉えます。多かれ少なかれ誰もが陥る可能性を持っていることなので，「行動前に立ち止まって考える」ことを推奨しているのです。

　ローンの提供側にも，心理的傾向に十分配慮しないマーケティングが存在します。一定の規制はあっても，景気停滞やマイナス金利など金融業界も収益機会を増やそうと必死な面のあることは否定できません。さらにヤミ金融のような違法業者も存在しますから，利用する消費者としては自分の心理的傾向を意識しておくに越したことはありません。

───【演習問題10-4】───────────────
　ローンを利用する上での注意点としてどのようなことが考えられるか，200～250字でまとめよう。

6．研究；個人バランスシートの作成

　第12週からは，企業の貸借対照表（バランスシート，B/S）を使った学習が始まります。その前に，これまで学んだ内容の振り返りの意味で，自分自身のバランスシートを作成してみてはいかがでしょうか。

　個人バランスシートとは，企業会計に倣ってある時点における個人の資産と負債の状況を表したものを言います。

　バランスシートは「資産」「負債」「純資産」で構成されます。

　資産や負債についてまだ書き込める項目が少ないかもしれませんが，現状に則して以下のルールにしたがって作成してみてください。

　資産は，①現金，②投資資産，③使用資産の３つに種類分けします。

　ここでいう現金には，紙幣や貨幣（硬貨）はもちろん，預貯金や生命保険等も含みます。資産額としての生命保険や個人年金は，いますぐ解約した場合に払い戻される金額である解約返戻金を入れます（→第9週）。

　投資資産は，株式・債券・投資信託などが該当します。

　ここまでが現状における自分のポートフォリオ全体を表しています。

　使用資産は本テキストの射程外ですが，住宅・土地・自動車などが当てはま

表10－1　個人バランスシートの例

資　産		負　債	
現預金	150万円	住宅ローン	3,000万円
生命保険	200万円	自動車ローン	80万円
MRF	50万円	カードローン	70万円
債　券	100万円		
マンション	3,000万円		
自動車	150万円	純資産	500万円
資産合計	3,650万円	負債・純資産合計	3,650万円

ります。土地は取引時あるいは「土地固定資産評価額×110÷70」で売却価格を評価します。建物は時価で評価しますが，一般に築後年数で売却価格は変動（減価）していくものです。

　負債については，クレジットカード・自動車ローン・住宅ローンなど各々の現在残高を計上します（→第10週）。

　純資産は，資産から負債を引いた値です。プラスであれば，その額が実際に自由に処分できる金額を意味します。マイナスなら，支出面での見直しなど何らかの対応が必要でしょう。

第11週　金融システムを眺めてみる

1．はじめに

　金融取引の土台となっている金融システムについて最小限の知識を持つことは，ファイナンスを理解する上でたいへん重要なことです。それはとくに次週から勉強する企業金融の理解にとって大切ですし，金融業界への就職を目指す人にとっては間違いなく将来役立ちます。

　そもそも金融システムとは何を意味しているのでしょうか。冒頭で「土台」と述べましたが，言い換えるならばお金を運用したり調達したりするときに，それがないと非常に効率が悪い（時間もコストもかかる）ことになってしまう存在です。それどころか，預金も投資も借入も，私たちのあらゆる金融取引は，このシステムに頼りきって成り立っているといっても言い過ぎではありません。

　では具体的に何が金融システムなのでしょうか。システムを体系的に捉えるには，お金を運用したい個人や企業から，お金を調達したい個人や企業へとお金を流通させるというメカニズムの観点から考える必要があります。このしくみには，大きく分けて直接金融，間接金融，折衷（ハイブリッド）型の3種類があります。

　本章は上記3タイプについて順に解説しますが，それぞれのしくみを支える個別組織すなわち金融機関について触れないわけにはいきません。金融機関の内部で行われているさまざまな業務を統合することで，初めてお金の流通（貨幣の金融的流通）のメカニズムを理解できます。2節では直接金融のメカニズムとシステムを支える各種の金融機関について学び，3節で間接金融と折衷タイ

プのシステムについても同様に勉強することとします。以上は金融システムを空間的に捉えた説明ですが，ファイナンスとは現在の貨幣と将来の貨幣の交換（異時点間交換，第2週）でもあります。将来の貨幣の受渡しである決済については4節で学びます。決済システムの中心に位置する中央銀行（日本では日本銀行）についても，そこで合わせて勉強しましょう。

2．直接金融のシステム

　金融とは，必要資金が不足している赤字主体が，余剰資金を持っている黒字主体から，元金返済や利息・配当金の支払いといった将来の貨幣（将来価値）と引換えに現在の貨幣（現在価値）の融通を受けることです。融通の中には融資や出資などの実際に資金を受渡しする場合もあれば，クレジット払いのように商品代金の支払いを将来へ繰り延べる便宜が図られる場合もあります。

　黒字主体について定義すると，一定期間に収入が支出を上回る（収入＞支出である）経済主体となります。「収入－支出＞0」となるので，資金の余剰が生じます。この余剰を現金のまま保有すると（貨幣発行とその価値保証をしている政府・中央銀行を別にして），システムの出る幕はありません。しかしそれ以外の方法，預金しても有価証券に投資したとしても，貨幣はシステムによって赤字主体の手に渡ります。赤字主体とは，一定期間に支出が収入を上回る（収入＜支出である）経済主体と定義されます。「収入－支出＜0」となるため，金融システムを通じて不足分を黒字主体から調達しなければなりません。

　これら黒字主体と赤字主体の間の資金融通を橋渡しするメカニズムが，金融システムです。はじめにで述べたように同メカニズムに3タイプが存在するわけですが，本節ではそのひとつである直接金融について解説します。

直接金融と自己責任

　直接金融とは，赤字主体が証券市場を通じて発行した債券・株式等を，黒字主体がじかに購入（投資）する形で資金がファイナンスされるしくみのことを

言います（下図）。

　直接金融において重要なポイントは，資金運用先である赤字主体について，黒字主体自らが情報収集・分析を行ってリターンやリスクを認識，自己責任で投資可否を判断しなければならないことです。

証券市場と金融市場

　直接金融において，黒字主体と赤字主体が資金の受渡しを行う場が証券市場です。ところで証券市場と一般に言う金融市場は何が違っていて，どういう関係にあるのでしょうか。

　金融市場とは広い意味に捉えるなら，さまざまな金融取引が行われる市場全般を指します。預金もローンも含みますし，保険や年金の資金受渡し，さらには先物市場や外国為替市場も含みます。狭い意味で金融市場という場合，直接金融が行われる場と言い換えても大過ありません。以下，狭義市場に話を限定します。

　狭義金融市場は，他の金融市場と同様，短期市場と長期市場とに区分されます。金融の世界で「短期」というときは，契約期間が1年以内である場合を指しています。「長期」の場合は1年以上の契約です。

　短期の狭義市場は，銀行どうしが資金を融通し合う**インターバンク市場**と，

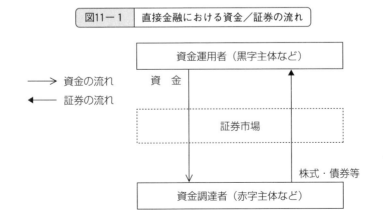

図11-1　直接金融における資金／証券の流れ

銀行以外も取引に参加できる**オープン市場**に分かれます。しかし，私たち個人が，前者は言うに及ばず，後者の取引に直接関わることは例外を除いてありません。

　長期の狭義市場が，一般に**証券市場**と呼ばれています。証券市場には株式市場と債券市場があります。さらに株式市場と債券市場には，それぞれ発行市場と流通市場があります。これらは空間的に分かれているのではなく，同じ空間における機能の違いというべきです。以下，少し詳細にみていきましょう。

発行市場；新株発行を例として

　まず発行市場についてです。株式にしても債券にしても発行市場では長期の資金調達を目的として新規の証券発行が行われます。株式を例にとって解説します。

　特定の会社が発行している株のことを株式銘柄と言います。株式に資金を運用する側にとっても，株式を発行して資金調達する側にとっても，当該銘柄が証券取引所に上場されているかが重要です。**上場**とは，取引所において売買ができるようになることです。発行する会社にとっての上場の意味は後の週でふれるとして，投資する側にとってはルールに従えば自由な売買ができ，何より流動性が高まることが大きなメリットとなります。個人投資家にとって，資産運用の対象は上場銘柄がほとんどと言ってよいでしょう。

　会社が調達する資金には，負債と自己資本の２種類があります。**負債**は返済を約束する資金で，銀行からの借入や債券（会社の場合は社債）の発行によって調達します。**自己資本**は会社自身の資金であり，返済義務はありません。主な調達方法が株式発行です。投資家が新規発行の株式を購入することで，会社は追加の資本金を獲得すること（**増資**）ができます。

　新株は流通市場で取引されている時価を参照し，発行価格が決定されます（**時価発行**）。増資には発行対象別に以下の３種類があります。上場銘柄に一番多いのは**公募発行**で，不特定多数の投資家を対象として買付けの募集が行われます。**株主割当**は，すでに株主になっている主体に，その保有株数に応じた引

受権を与える発行方法です。**第三者割当**（縁故者割当）は，既存株主以外の特定の第三者に引受権を与える方法です。

流通市場について

　流通市場では一度発行された証券（既発行証券）が，投資家の間で売買されます。私たち個人が関わることが多いのは，どちらかと言えば流通市場です。新規発行銘柄が買付募集されることもありますが，普段スマホで価格動向を確かめながら株の売買をしているのは流通市場の方です。

　もし一度発行された債券や株式を自由に売買できる流通市場がなかったらどうなるでしょうか。発行した会社の経営があやしくなって価格がどんどん下落して証券価値がなくなってしまうまで手放すことができないとしたら，自己責任の直接金融の世界でたやすく投資などできなくなります。投資先について調査することはいかなる場合も重要ですが，自分が選んだタイミングで保有証券を売却すなわち現金化できるということ（流動性が保証されていること）は，投資を判断するうえで大切なことです。流通市場は投資家に流動性を保証することによって，実は発行市場も含めた証券市場全体の売買を促進する（流動性を高める）機能を担っているのです。

　流通市場には発行市場に価格情報を与えるというもうひとつの機能があることは上でお話しました。時価情報を発行市場にフィードバックすることによって，無理のない新株値付けが可能となります。

証券取引所と証券会社

　システムとして証券市場を機能させているのは，直接金融と関連した各種の金融機関です。少なからぬ種類の機関が存在しますが，代表例として証券取引所と証券会社について説明しましょう。

　発行市場と流通市場の機能を提供しているものが，証券取引所という名の金融機関です。取引所は政府や企業などに対して，証券発行を通じた資金調達の場（もしくは機会）を提供します。そして投資家から出された証券の売り注文と

買い注文をマッチングさせて取引を成立させています。投資家からの信用を担保するために，上場を希望する企業に対して厳正な審査を行っています。

　ひとつ注意したいことは，個人も企業も互いに直接，取引所で売買することが許されていないことです。取引所の会員となっている**証券会社**（証券取引業者）が上場企業の発行した株式や債券を買い取って，取引所（発行市場）で売り出すことにより資金調達は実現します。また投資家も証券会社に株や債券の売り買い注文を取引所（流通市場）へと取り次いでもらって売買を実現します。

【演習問題11−1】

　以下の文章の空欄を埋めよう。同じ記号には同じ言葉が入ります。

　狭義の金融市場は _A_ が行われる市場で，長期と短期に分かれ，長期市場のことを特に _B_ と呼び，株式市場と債券市場からなる。これら市場は，それぞれ _C_ 市場と _D_ 市場に分かれ，_C_ 市場は赤字主体などの _E_ を目的に新規証券の _C_ が行われる。_D_ 市場は既 _C_ 証券が _F_ の間で売買され，証券に _G_ を与え，_H_ を _C_ 市場にフィードバックする機能を持っている。

　_I_ は政府や企業などに対して，証券発行を通じた _J_ の場（もしくは機会）を提供する。_I_ の会員となっている _K_ が上場企業の発行した株式や債券を買い取って，_I_ で売り出すことにより _J_ は実現する。

3．間接金融および折衷型のシステム

間接金融とは

　黒字／赤字主体間における資金融通を銀行などの仲介機関が取り持つ形式のシステムを，間接金融と呼びます。仲介する機関は銀行に限りませんが，以下では代表として「銀行」としておきます。

　間接金融は，2段階方式のシステムです。まず銀行が預金証書等の間接証券を発行して，黒字主体から資金（要求払い預金，定期性預金など）を集めます（図

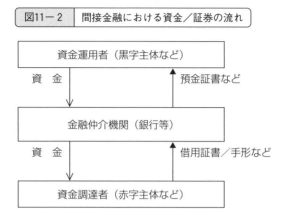

11－2上部）。次に，集められた資金を借用証書など赤字主体が発行した借用証書や手形等の本源的証券と交換して融通します（同下部）。

　間接金融の本質は，運用先である赤字主体と関わるリスク管理は，銀行が黒字主体に代わって責任を持つという点です。投資手段である株式が高リスクであるのに貯蓄手段である預金が低リスクである理由は，黒字主体である預金者がリスクを引受けなくて良いためです。

銀行とは

　間接金融のシステムを支える銀行は，店舗の多さからしても皆さんがもっとも身近に感じる金融機関かもしれません。銀行も金融市場と同じく狭い意味と広い意味とがあり，ここでは広い意味で「預金を受入れて融資等の業務を行う金融機関」と定義しておきましょう。一部の政府系機関を除いて，企業名に「銀行」の二文字が入っているところは預金を受け入れており，上で定義した銀行です。信託銀行も，郵便局で業務を行うゆうちょ銀行も銀行です。さらに「銀行」の文字が企業名に入っていない信用金庫，信用組合，労働金庫，JAバンクやJFマリンバンク（農漁業協同組合の金融事業）も預金（貯金の場合もあります）を受けているので，やはり上記定義の銀行の仲間です。

　一方，貸付はしているけれど預金は扱っていない消費者金融のような金融機

関は多種類ありますが，銀行ではありません。預金なしで融資を行う会社は，貸金（かしきん）業といって銀行とは区別されます。そのほかに主たる業務が貸付ではなく預金も扱っていない証券会社や保険会社も，銀行とは異なる金融機関のカテゴリーに入ります。

銀行の基本機能

　間接金融のメカニズムを理解するには，主たる担い手である銀行の業務について知る必要があります。

　まずは定義通りですが貯蓄手段を提供する機能，すなわち預金を受入れること（受信業務）によってリスクフリーの貯蓄手段を私たちに提供しています。第6〜7週で勉強したリスク管理を，銀行もまた高度なレベルで実行しています。しかしここで重要なことは，運用の結果生み出してしまった損失は，すべて自己勘定で処理して預金者に一切転嫁しないということです。これがリスクフリーの本当の意味です。

　次に資金を経済へ供給する機能です。銀行は受入れ預金を融資という形で赤字主体へと提供します（与信業務）。赤字主体は主に企業ですが，個人ローンもあります（第10週参照）。上で述べたように，融資資金が返済されないなどのリスクは銀行自身で引き受けます。もちろん損失を最小限に食い止めることが銀行経営の要であり，融資先に対して厳格な審査が行われることは言うまでもありません。

　以上の貯蓄提供（受信）と資金供給（与信）を両面で行うことによって，銀行は間接金融の機能（資金仲介機能）を果たします。そして銀行はもうひとつ，与信と受信とによって重要な役割をシステムにおいて果たしています。それが**信用創造**です。いまどき銀行が現金を使って融資することはありません。銀行は赤字主体の預金口座に融資資金を振込みます。預金は一部準備金を残し再び別の融資に向けられ，さらに次々融資および預金を生み出していくことになります。預金通貨は，第1週で学んだように現金通貨と並ぶ貨幣です。現金は政府中央銀行が生み出しますが，預金という名の一種の貨幣は，融資（信用とも呼び

ます）を通じて銀行が創造するのです。

　そしてもうひとつの重要な役割が**資金決済**（為替業務）です。これについては第5節でお話しましょう。

銀行による利子率決定①；預金金利

　第2週では，債券など利子率が貨幣需要と貨幣供給によって市場決定されるケースについて学びました。銀行は黒字主体からの貨幣供給（預金）と赤字主体からの貨幣需要（借入）を調整するため，預金金利と貸出金利という2種類の利子率を決めます。需要と供給が分離していることもあって，債券のような市場メカニズムによってではなく，銀行独自の手法で各々の利子率を決定しています。

　まず預金金利についてです。預金もいろいろな種類がありますが，ここで重要なのは預入期間（満期）の長さです。要求払い預金はいつでも引き出せるので，最短の満期と考えてよいでしょう。定期預金は，3カ月から10年まで幅広く満期が存在します。一方で，債券など市場で金利決定される金融資産にも1日程度から10年を超えるような幅広い満期が存在し，それぞれの市場で利子率は決定します。預金金利は，同程度の満期を持った市場性安全資産の利子率を参照して決められます。

　必ずとは言えませんが，利子率には満期が長くなるほど高くなる傾向があります。満期半年の国債より満期1年の国債の方が，満期1年よりは満期5年の国債の方が利回りは一般的に高いのです。黒字主体にとれば，満期が長くなるだけ高い利便性を持った貨幣を手放している期間が長くなることを意味します。したがって相応に高い利回りでなければ，長期の運用はしたがらない傾向があるためと考えられます。

　預金金利の場合も同程度の満期の証券利回りを参考にするために，満期が長いほど金利水準が高くなる傾向を持ちます。もっともゼロ金利・マイナス金利の令和一桁時代に，この違いはほぼなくなっています。

銀行による利子率決定②；貸出金利

　預金金利と無関係ではありませんが，銀行の貸出金利はまた独自の決定方式が採用されています。

　貸出金利の基本になるのは**短期プライムレート**（短プラ）です。もっともリスクの低い融資先に対する，満期1年の貸出しに適用される金利です。短プラは，銀行ごとに①資金調達コスト，②債権管理コストなどから総合的に判断して決められます。①には上述の預金金利も資金調達コストとして参照します。②は銀行によって違いますが，規模が大きいほど低くなる傾向（規模の経済性）が認められます。

　長期プライムレート（長プラ）は，もっともリスクの低い融資先に適用される満期1年超の貸出し金利です。短期プラに，期間が長いほど高くなる**期間スプレッド**を上乗せした水準に決定されます。

　銀行の貸出金利は，短期長期ともに各プライムレートを下限として，貸出先のリスクに応じたリスクプレミアムを上乗せして決定されます。リスクプレミアムは，返済確率などにもとづいて債務不履行による損失が穴埋めされるよう計算されています。

折衷タイプのシステム

　直接金融，間接金融と順にみてきましたが，両者を折衷したタイプのシステムもあります。資金を調達する側と運用する側がじかに資金的なやり取りをするわけではなく，間に何らかの金融機関が介在するところは間接金融の特徴を持っています。ただし，銀行取引のように資金の受渡しがフェース・トゥ・フェース（相対；あいたい）だけで行われるのではなく，調達か運用のどちらかに市場取引を含んでいるところに特徴が見られます。そのため**市場型間接金融**と呼ばれることもあります。

　第4週で学習した投資信託は，この第3タイプのシステムで取引される金融資産のひとつです。投信のメカニズムもバラエティーがあるので，日本で一般的な契約型投資信託を例に見ます。そこで資金運用は，投資信託委託会社（投

信会社）が発行した投資信託受益証券という間接証券を銀行や証券会社が窓口になって売り出す形で行われます。ここでは相対取引が行われます。投信会社は運用資金を取りまとめて，信託銀行などに委託する形で，資金調達のために発行された株式や債券に金融市場を通じて投資します。そこでは市場取引が行われます。

　代表的な折衷タイプには，他に**証券化**もしくは**資産流動化**のシステムが存在します。銀行が保有する貸出債権あるいは新規事業などが将来生み出すキャッシュフロー（元利支払い，事業収益）を価値の裏付けとして，市場を通じて新たな証券を発行し，投資家から資金を集めるという金融のしくみです。そこで価値の裏付けとなる資産の保有者を**オリジネーター**，新しい証券の発行者をSPVと言います。

　同じ投信でも会社型投資信託（第4週）は，不動産資産の将来収益を価値の裏付けとして証券発行するJ-REITなどのように，証券化（資産流動化）と同様のシステムであり，上記の契約型投信とは資金の運用調達メカニズムがまったくちがっています。最近注目されるクラウド・ファンディングには，証券化を活用して投資家から資金を募っているタイプもあります。

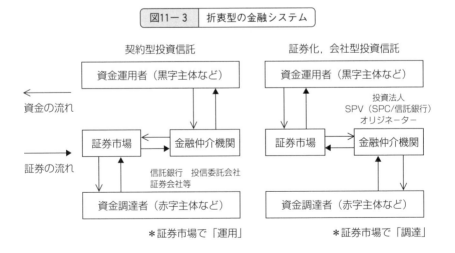

図11－3　折衷型の金融システム

┌─【演習問題11－2】────────────────────────

以下の文章の空欄を埋めよう。同じ記号には同じ言葉が入ります。

融資した資金の一部が再び A され，さらに別の融資に向けられ次々に融資および A を生みだす B 機能は，貯蓄手段提供と C の両機能を併せ持った銀行固有機能のひとつである。

銀行の貸出金利は，短期長期とも各 D を下限として，貸出先ごとの E を上乗せして決定される。短期 D は銀行ごとの資金調達コストや F などから総合的に判断して決定され，長期 D は短期 D に G を上乗せして決定される。

折衷タイプの金融システムは， H 金融と呼ばれることもある。そのひとつである証券化は I とも呼ばれ，銀行が保有する J あるいは新規事業などが将来生み出す K （元利支払い，事業収益）を L として，市場を通じて新たな証券を発行，投資家から資金を集めるしくみである。

└──────────────────────────────────────

4．決済システムと中央銀行

決済手段としての貨幣機能

貨幣の受け渡しによって取引を完了させることを決済と言います。

商品と貨幣が同時交換される日常的な取引（スポット取引）に対して，金融取引は異時点間で行われるため，将来における貨幣の受渡し（元利払いや繰延べ代金の支払い）をもって取引が完了します。

スポットにしても金融にしても，決済の方法は貨幣（現金・預金通貨）を受渡す以外にありません。とくに金融取引と関わる貨幣の機能を，一般の交換手段と区別して**決済手段**ということがあります。ここにも貨幣が他の金融資産とは異なる特別な存在とみなせる理由があります。

貨幣の発行主体

　貨幣の発行主体は3つあります。中央銀行，政府（財務省），広義の銀行（預金取扱金融機関）です。

　現金通貨に関しては，中央銀行が紙幣（中央銀行券），政府が貨幣（硬貨の正式名称，補助通貨）をそれぞれ発行し，交換・決済手段としての価値を保証しています。紙幣は無制限に決済手段として利用でき，貨幣は同額面のものは20単位まで同時使用可能です。

　銀行は要求払い預金（流動性預金もしくは決済性預金）を利用した口座振替などの決済サービス（為替業務）を提供しています。このサービスのおかげで，預金通貨は貨幣（交換・決済手段）として機能します。ただし，要求払い預金が決済手段として機能するのは，現金通貨との交換が保証されている限りにおいてです。さらに，異なる銀行同士や遠隔地間の決済は，ひとつの銀行が単独で決済を完了させることができず，中央銀行が関わってくることになります。これについて以下に述べます。

中央銀行の役割

　中央銀行の役割の第一は，現金通貨（中央銀行券）の発行であることは上で述べました。経済に対して無制限の決済手段を供給する**発券銀行**としての役割です。

　第二に，市中銀行に対し，私たちに対する市中銀行業務と同様の機能を果たすことです。これが**銀行の銀行**としての役割です。まず預金取扱い金融機関（一部機関はその中央組織）は，中央銀行に決済用の預金口座（中央銀行当座預金口座）を開設します。そして各行における預金残高の一定割合を，準備金として同口座に保有することになっています（受信業務）。中央銀行はこの口座を通じて，市中銀行に融資を行ったり証券売買を通じて資金の受渡しをしたりします（与信業務）。異なる銀行の間で預金通貨を使った支払いが行われる場合は，両行がそれぞれ中央銀行に開設した口座間の振替えによって決済が完了するしくみになっています（為替業務）。

　以上から理解できる重要ポイントは，預金取扱い金融機関が発行する預金通貨が決済手段として機能するには，①中央銀行が発行する現金通貨との交換が保証されていること，②中央銀行が提供する預金口座の振替によって初めて銀行間の決済が完了すること（**支払い完了性**）です。結局，現金決済も含め国内における決済システムの全体を統括しているのは，中央銀行に他ならないのです。

　中央銀行の第三の役割は，**政府の銀行**として機能していることです。政府もまた中央銀行に決済用の預金口座を開設しています。そして同口座を通じて中央銀行は，経済金融システムに対する政府の働きかけを代行する各種業務に携わっています。国庫金の出納業務は，国庫金を中央銀行に対する政府からの預金として預かり，出納事務などを行うことです。また政府を代行して，国債の利払いと元本償還を行います。さらに外為相場安定を目的として，外国為替市場への通貨売買（円売りドル買いなど）介入を政府の意向を受けて行うこともあります。

　他にも中央銀行は，主に金融・決済システムの安定性確保・向上を目的として，各銀行の取引内容・リスク管理状況などを点検，必要に応じて指導を行っています。

　諸外国においては，金融機関の監督業務は中央銀行が統合的に担う場合が多いのですが，日本においては個別機関の経営内容や財務・リスク管理に関して中心的に監督しているのは，**金融庁**と各地方の財務局です。また国際金融システムにおける監督や制度設計に関しては，日本では財務省が中心になっています。これら諸組織が相互に補完協力し合いながら，日本の金融システム安定化に日々努めています。

──【演習問題11−3】────────────────────

　決済システムと中央銀行との関わりについて，200字から250字で論述しなさい。

第**12**週　企業金融とは何か
コーポレート・ファイナンスの入り口で

1．はじめに

　第12週は，これから第15週まで続く企業金融（コーポレート・ファイナンス）分野が，どのような内容を勉強するのかについて解説します。簡単に言うと，「企業経営」に関わる「お金のマネジメント」についての学問，日本では企業財務論と呼ばれてきた専門分野です。

　何かお堅い，取っ付きにくいイメージを持たれるかもしれませんが，市場経済のコアとなる考え方をそこで学びます。そして実際の企業活動を金銭的な面から分析する道具立て一式を，自分のものとすることができるでしょう。その知識を使いこなせるようになれば，一企業の分析にとどまらず，日本経済，グローバル経済の本当の姿をのぞき見ることができるようになるといっても言い過ぎではありません。

　一般的にコーポレート・ファイナンスをゼロから勉強することは非常に面倒です。ですが，皆さんはここまで，お金や利子の話からスタートして，個人ファイナンスについて初歩的ではあっても資産運用・保険・借入とほぼその全体を網羅して，さらに，金融システムについても勉強しました。これらを一度学んだ人は，ハードルが相当低くなっています。「あーそういうことね」と，割とスッと入っていけるのです。

　本書自体が，ファイナンスのイントロ的内容なので，以下15週までの内容もあまり高度な話はしません。しかし，本質的部分と基本となるフレームワーク（分析枠組み）は，きっちり押さえます。

　次節は，企業金融の目的（企業活動のための実物投資）と手段（融資や出資による

資金調達）について簡単に述べます。実は，これらが簿記で勉強している貸借対照表の借方と貸方にそれぞれ対応しています。

　3節では，同じく簿記で勉強した損益計算書に対応した部分，企業活動の成果である利益の分配ということについてお話します。

　4節では，トヨタ自動車における実際の貸借対照表と損益計算書を使って，同社の経営内容の特色やコロナ禍に直面して取った対応について読み解く作業をしましょう。

　簿記なんて勉強していない，あるいは忘れたという読者がいても，逐一解説しますから心配しないでください。

2．企業金融の目的と手段

企業活動とは何か

　企業経営におけるお金のマネジメントには，①企業活動という「（中間）目的」と②利益の分配という「最終目的」があります。そして，それらの目的に資するための③資金調達という「手段」があります。これら①～③について，現代ファイナンスの理論をベースに，会計や統計学の知識を使って個別・統合的に分析を行う学問がコーポレート・ファイナンスです。

　いかにも難しそうですが，本書をここまで学んできた皆さんにとって，少なくとも入口の敷居は高くないでしょう。

　最初に，①目的としての企業活動とは何かについて考えましょう。

　「企業とは何をするところか」と質問されて，すぐに答えられるでしょうか。経済学的にいえば「労働（および土地），資本，技術を投入して生産を行う主体」となります。労働や技術ならおよそは理解できると思いますが，**資本**とは何なのか。これは結構，幅広い概念です。

　資本は，資本金と同じ意味に使われることもあります。すでに学んだように，資本金は株式を発行して調達した会社経営の中核資金でした。過去に生み出された利益を積み上げた剰余金と合わせて**自己資本**とも呼ばれます。

　さて自己資本に対しては，外部資本（他人資本）と呼ばれる資金も企業によって利用されます。銀行借入や社債発行により調達した資金，すなわち**負債**のことです。自己資本と負債を合わせて広義の資本です。

　しかしながら，資本はお金（貨幣）のまま保有しているだけでは，ここまで勉強してきたように，便利な交換手段や決済手段，そして安全な価値保蔵手段であるほか銀行預金してわずかな利息を受取る可能性がある以外，企業に利益はもたらしてくれません。

　必要なことは投資です。でも個人と違って企業の場合，株式や債券，他人へのローン提供といった金融資産への投資（金融投資）は，金融機関である場合を除いて主な活動には入りません。金融業者以外の一般企業が主たる事業のためにするのは，実物資産への投資です。投資された実物資産のことを，実物資本と呼ぶこともあります。

　先の「企業とは何をするところか」に対して，コーポレート・ファイナンス的に答えるならば「さまざまな資産を労働と技術を組み合わせ有効活用し，企業収益の源泉である付加価値を生み出す主体」となります。そしてこれが企業活動の目的も表しています。

　少し説明を加えましょう。

　さまざまな資産と表現しましたが，一般事業会社は主に実物資産，金融業者は主に金融資産です。企業資産には流動資産と固定資産という別の分類法もあります。流動資産とは投資後１年以内に回収される資産で，現預金，有価証券や短期金融債権などの金融資産と，たな卸し資産などの実物資産があります。固定資産は回収に投資後１年以上を要する資産のことで，有形固定資産（土地建物，機械装置）と無形固定資産（営業権，特許権など）に分かれます。

　これらの資産を使って生み出される**付加価値**とは，生産段階で新たに付け加えられた価値を意味します。金額的には，生産額から中間投入額を差し引いて計算されます。

付加価値はなぜ重視されるか

　企業活動と関わったすべての人が受取る所得は，付加価値の分配です。従業員スタッフの労働に対する賃金も，経営陣の役員報酬も，資本（負債，自己資本）の提供者に対する利子配当も，そして政府に支払う法人所得税も，どの段階で支払われるかの違いこそあれ，すべて付加価値の分配です。だから，より多くの付加価値を生産するために経営努力が払われていると言って良いわけです。

　ここで当たり前すぎるけれど，もっとも重要なことを述べます。どれだけ手間暇かけて生産した商品であっても，顧客に購入されない限り，つまり市場を通じて貨幣と交換（決済）されない限り，付加価値を生み出すことは絶対にあり得ません。「売れないものを作っても意味がない」ということです。そこに企業経営の要の部分があるのですが，残念ながらコーポレート・ファイナンスはその部分に口出しできません。市場における取引を金銭的に支える方法を提示したり，取引の結果を分析・評価したりするところまでです。

　付加価値が注目されるもうひとつの理由に，経営環境にとっても無視できないことですが，GDP（国内総生産）や経済成長との関わりがあります。GDPは一定期間に国内で生産された付加価値の合計です。経済成長とは，前年（度）と比較してどれだけ付加価値の生産が国全体で増加したかによって計測されます。つまり，企業活動と関わる人たち（経営者と従業員スタッフ，資金を提供する投資家や金融機関，産業／社会インフラを整備したり制度を整えたりする公共部門，人材を育てる教育機関で働く人たち…）が，国内および海外の市場で評価される財やサービスを増やしていく方向で努力をして結果を出さなければ，分配されるべき各種の所得の上昇はないわけです。コーポレート・ファイナンスは，個別企業レベルで結果を分析・評価する手段を提供します。

企業の意思決定と市場機能

　より多くの付加価値を生み出すために，企業経営者はどのような資産にどれだけ投資するか（種類と規模），そしてどのような使い方をするか（利用方法）について，細かく意思決定を行います。ただし企業経営者が自由に決められない

もの（談合などによって決めていたらマズイもの）があります。それが投資対象となる資産の価格です。価格を決定するのは市場の役割であって，資産価格は市場の需要と供給によって決められて初めて（誰かの利益に偏らない）公正さが担保されます。

　いわば企業活動の中で経営者と市場の適正な役割分担がなされているということ，これが市場経済の特徴です。

　以上をまとめると，より多くの付加価値を生産するために市場で与えられたそれぞれの資産価格を判断材料として，もちろん自らの事業目的に沿った形で，最適な資産構成（種類と数量）およびそれらの利用方法を経営者は決めているのです。そうやって実際に投資された諸資産を金額（価格×数量）によって表示したのが，貸借対照表（バランスシート）の資産項目（借方）です。その合計金額を「資産の価値」と呼んでいます。

企業からみた金融／資本市場の役割

　コーポレート・ファイナンスの目的である企業活動について概観しました。次に，最初に述べた順序と異なりますが，③資金調達という「手段」を提供する金融・資本市場について見ていきましょう。個人にとって金融・資本市場は主に資産運用の場でしたが，企業にとっては主に資金調達の場になります。

　第11週で勉強した証券市場（狭義の長期金融市場）が，発行と流通の両市場に機能分解していたことを思い出しましょう。流通市場には，発行市場へ時価情報をフィードバックする機能がありましたね。企業は，自らが過去発行した株式や債券を流通市場で取引させることによって時価を決定させます。この時価情報にもとづいて，増資を目的とした株式の発行価格や，借入を目的とした新発社債の利回りなど発行条件を決定します。そしてこの発行条件を考慮に入れ，最終的にどのような資産に投資をするかに合わせて，株式や社債などの発行量や構成を決めていきます。

　ここでも市場と経営者の役割分担があることに気付きます。発行する株式や債券の価格や利回りは市場に決定を委ね，それらを所与として何をどれだけ発

行するか（種類と発行量）は経営者が決めます。

　ちなみに銀行から借入れするときの金利は銀行が決めますが，この貸出利率は，市場で決まる債券利回りに融資先のリスク評価を加味（リスクプレミアムを上乗せ）して決定されます。リスク評価方法のひとつが，クレジットスコアリング（第10週）ですが，もちろん銀行は，ほかにも財務諸表や経営者の資質といった多くの情報を統合的に分析したうえで利率等の貸出条件を決めています。

　企業が調達する資金（もしくは資本）は，銀行借入も含めた負債および自己資本とから構成されます。**負債**とは，一言でいえば返済・支払いの義務を負う資金のことです。負債には流動（もしくは短期）負債と固定（もしくは長期）負債の別があります。流動負債は決済までの期間が1年以内であり，支払手形（未払いの振出し手形）や買掛金（一定の期日に支払い約束のある未払い代金）などがあります。固定負債には，金融機関からの長期借入金や過去に発行した社債による債務などが入ります。

　自己資本とは，上記した負債と対になる表現を用いるなら，返済・支払い義務のない資金のことです。上述のように株主から調達した資本金と，過去からの企業利益の積上げである剰余金とから構成されます。

　企業が発行している負債と自己資本は，貸借対照表の負債項目（貸方）に記載されています。ただしここで気をつけなければならないことは，簿価と時価の区別です。貸借対照表上の貸方の合計は，簿価すなわち資金調達をしたときの金額であり，借方合計（資産の価値）とバランスしています。それに対して，株式や社債の時価で評価された合計額，すなわち時価総額は資産の価値とは一致しません。詳細は次週述べますが，簿価は現在に至る財務記録であるのに対して，時価は将来に向けた予想（期待）を反映しているという決定的な違いがあるためです。簿価重視か時価重視かは，会計ファイナンスの分野で決着を見ていない論争点のひとつです。

【演習問題12－1】

以下の文章の空欄を埋めよう。同じ記号には同じ言葉が入ります。

企業活動の目的とは，流動資産と A を有効に活用してできるだけ高い B を生み出すことである。ここで企業は，各資産の種類や規模，および C を決め，市場はそれぞれの資産の D を決定する。

企業の視点から見た金融・資本市場の目的とは， E や F という「金融資産」を市場取引させて D 決定させ，新規に供給する金融資産の G を決定することである。 E とは H の義務を負う資金であり， F とは H 義務のない資金である。ここで企業の意思決定は，それらの各金融資産の I を決めることである。

3．企業財務の意思決定

おさらい；コーポレート・ファイナンスの全体像から

かつて筆者が大学で金融ファイナンスの講義を始めたころ，参考にしたテキストの一冊に，コーポレート・ファイナンスの全体像を簡単な図ひとつで表現しているものがありました。図12－1はそれを多少改変していますが，今日においても，学び始めの学生が本質を理解する最良の手助けになると信じています。ここまでのおさらいを兼ねて，図の説明をします。

左側の長方形が，流動資産や固定資産を合計した資産の価値で，これら資産を効率的に利用してできるだけ多くの付加価値を生み出すことが企業活動の目的です。

右側の長方形は，金融・資本市場で発行した負債と自己資本の合計（広義の資本）である企業の価値です。

以上にみた左右の長方形が，バランスシートにおける借方と貸方にそれぞれ対応していることは，前節でお話しました。しかし前節の最後で，バランスシ

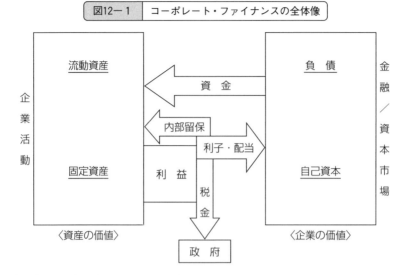

図12－1　コーポレート・ファイナンスの全体像

（出所）仁科（1997），p.154を一部改変。

ート上の資産の価値と企業の価値は等しく釣り合っているけれど，時価評価した企業の価値（時価総額）は必ずしも簿価とは一致しないということも述べました。この点はコーポレート・ファイナンスの難しい点であり，面白い点でもあります（詳細は次週）。

　図12－1には左右の長方形の間にいくつかの矢印が描かれていますが，これらはそれぞれ財務上の意思決定を表しています。以下，これらについて考察したいと思います。

資金調達と投資の意思決定

　まず一番上の「資金」と記された左向き矢印ですが，これは①負債や自己資本を発行することによって資金を調達し，②それを元手に流動資産や固定資産などに投資することを示しています。資産には実物資産もあれば（現預金や長期債権といった）金融資産も含まれます。これら資産を利用して生み出した財やサービスが市場を通じて顧客に評価されなければ，付加価値は生まれず最終目的

である収益の分配には至らないことはお話しました。コーポレート・ファイナンスのテーマは，どうすれば付加価値を生産できるかではなく，付加価値を生産するための企業活動をどのような資金で支えるのか考えることです。

　調達した資金をどのような資産にどれだけ投資するかは，企業の命運を左右しかねない重要な決定事項です。経営者がときとして直面する難しい意思決定が，（A）新規ビジネスに参入するか（B）既存のビジネスを拡大するのかという選択です。投資金額は大きいが，情報が少なく，不確実性が高いのはAです。安全性を重視するのであれば，既存資源も使えて相対的に情報も多く不確実性が低いBを選択することでしょう。しかし，顧客嗜好の変化やグローバルな競争に晒されている経営環境で，Bばかり選択していては事業衰退を招く危険が高まることもあります。あるいは，業界で地位を築いた企業がトップシェアを守るには，リスクを冒して新事業に投資しなければならないという事情もあるでしょう。また，数多くの困難な決断を経ていくことで，企業（および経済社会）は進化発展していけるという見方もできます。

企業活動の成果である利益の分配

　次に，下方における複数の矢印について見ていきましょう。これらは企業活動によって生み出された利益の分配です。1年単位の短期における活動の「最終目的」が利益分配であり，財務パフォーマンスとして金融機関や投資家によって評価される部分です。多くの場合，企業は経営が長期に継続していくことが望まれ，資金を提供する側も企業の将来的な発展に期待する部分はもちろんあります。しかしながら，企業が成長すればするほど，短期的な実績を示せなければ，リスクを冒した投資が納得を持って受け入れられることはないでしょう。企業の財務戦略は，短期と長期の両睨みでなければならない理由がここにあります。

　ところで，図12－1には示しきれていない重要事項として，「利益分配には順序がある」という事実を強調しておきましょう。利益は，負債の提供者から先に利子という形で分配が行われます。負債の中でも金融機関（とくに銀行）の

優先順位が高く，社債権者はセカンド・ポジションです。これら融資を行った主体には，利払いと満期の額面償還とが約定されていることは第4週で勉強しました。一方で，融資を受けた企業はこれら債務の履行を最優先課題とし，それができない（債務不履行，デフォルトの）場合，破産など経営破綻に陥ることになります。だから債務者としての企業は，利益が出なければ保有資産を売却するなど債務を履行するため必死の努力をします。こうした理由から，返済義務のない自己資本の資本全体に占める割合（自己資本比率）が高い企業の方が財務的に安定しているという評価が成り立ちます。

　諸々の債権者への債務履行が完了したら，初めて企業内部で分配できる利益が生まれるのですが，先に中央および地方の政府に法人税などの税金を支払う必要があります。政府・公共部門は鉄道・道路や警察・消防サービスといった社会インフラ，経済諸制度の整備など企業活動（付加価値の生産）に貢献していると考えられます。それら貢献への利益分配が納税であるとみなせます。

　法人税等を納めて残った利益のことを**当期純利益**と言います。この最終的な利益から自己資本の提供者に対する分配が，株主には配当として，企業自身には内部留保として行われます。配当は社外流出であり，内部留保は剰余金として蓄積されて，やがて各種資産に再投資（内部金融）されていきます。配当と内部留保の比率をどうするかという**配当政策**も，コーポレート・ファイナンスのひとつのテーマです。近年の日本企業に対して，留保された利潤をリスク・テイクしなければならない実物投資ではなく，預貯金をはじめとした金融資産の形で貯め込んでいるという批判があります。確かにリスクを冒さなければ成長が望めないという事実に鑑みれば，経済停滞の一因として検証される必要はあるでしょう。

　以上に見てきた利益分配の流れは，損益計算書でも観察することができます。次節，事例研究で確認したいと思います。

【演習問題12－2】

　以下の文章の空欄を埋めよう。同じ記号には同じ言葉が入ります。

　企業の財務意思決定とは，第一に負債や自己資本を発行することによって A を行い，それをもとに流動資産と固定資産に B することである。

　そして第二は，企業活動で生み出された C である。具体的には負債提供者への D 支払い，政府への E 支払い，そして F への配当と企業自身への G である。

4．事例研究；財務からみたトヨタ自動車の経営

貸借対照表からみたトヨタ自動車の経営

　ここまで割に抽象的な話が多かったので，勉強してきた内容を実際の貸借対照表と損益計算書から確認することにしましょう。

　貸借対照表（バランスシート）は，企業などが一時点において保有している各種資産の金額とそれらの合計額，資産を取得するために調達した負債・自己資本の各金額とそれらの合計額を一覧で示すものです。日本では，表左に並ぶ資産項目を借方，右の負債・自己資本を貸方とそれぞれ言い慣わしており，本書もこの表現を使います。

　表12－1はトヨタ自動車のバランスシート（連結，19年度），**表12－2**は同20年度を示しています。連結とは，数値に子会社など関連企業分も含んでいることを意味します。各年度単独で眺めても読み取れる同社の特色もありますが，コロナ禍直面のビフォー（19年度）・アフター（20年度）で観てみても興味深い事実が見えてきます。

　まず19年度で他の一般事業会社と比べて明らかなことは，あたかも金融機関であるかのように長期金融債権が多く，２割近くを占めていることです。20年度では２割に達しています。これはトヨタ・ファイナンシャル・サービスな

表12－1　トヨタ自動車の貸借対照表（2019年度（連結））

科　目	金　額	科　目	金　額
（資産の部）		（負債の部）	
流動資産	18,642,531 （ 35.4）	流動（短期）負債	21,422,751 （ 40.7）
長期金融債権	10,423,858 （ 19.8）	固定（長期）負債	10,692,898 （ 20.3）
投資その他の資産	13,012,522 （ 24.7）	負債合計	32,115,649 （ 61.0）
有形固定資産	10,601,525 （ 20.1）	（純資産の部）	
無形固定資産	0 （ 0.0）	純資産合計	20,564,787 （ 39.0）
総資産	52,680,436 （100.0）	負債／純資産合計	52,680,436 （100.0）

（2020年3月31日，百万円（%））

表12－2　トヨタ自動車の貸借対照表（2020年度（連結））

科　目	金　額	科　目	金　額
（資産の部）		（負債の部）	
流動資産	22,776,800 （ 36.6）	流動（短期）負債	25,405,018 （ 40.8）
長期金融債権	12,449,525 （ 20.0）	固定（長期）負債	13,457,575 （ 21.6）
投資その他の資産	15,239,518 （ 24.5）	負債合計	38,862,593 （ 62.4）
有形固定資産	11,801,297 （ 18.9）	（純資産の部）	
無形固定資産	0 （ 0.0）	純資産合計	23,404,547 （ 37.6）
総資産	62,267,140 （100.0）	負債／純資産合計	62,267,140 （100.0）

（2021年3月31日，百万円（%））

ど，全国展開する金融子会社を通じた顧客への資金提供を反映しています。耐久消費財で高額出費に当たる車購入のための割賦販売やローンといった金融サービスですね。

　さらに目を引くのは，資産全体の1／4近くを占める投資その他の資産，これは（海外を含む）外部企業および関連会社への資本参加を意味しており，投資有価証券であったり関連会社に対する直接投資（経営参加を目的とした株式取得）であったりします。

　その一方，本業である自動車製造と関わる有形固定資産は19年度で20％，

20年度には19％を下回っています。ただし金額を減らしているのではなく、10兆6千億円余りから11兆8千億円余りへと設備投資を通じて1割以上増加させているのです。つまり実物投資以上に金融投資を行っており、総資産はコロナ不況の最中にあって52兆7千億円ほどから62兆3千億円ほどへと10兆円近く増やしています。

　当然ながら、バランスシートの借方が増えた分だけ貸方も増加させているわけです。自己資本（純資産）も3兆円近く増加させていますが、負債はその倍以上の6兆7千億円余りを追加しています。これだけ積極的な10兆円近い資金調達と投資を、パンデミック下の不透明な環境下であえて行っているのは、5年10年単位の長期の視点で経営戦略を考えているからだと言えます。東富士に実証都市「Woven City」を設置するなど未来の経営環境を見据えた事業計画は、トヨタならではのダイナミズムを感じさせるものです。

　長期の視点でリスク・テイクしていくことは、次週で述べるように企業本来の目的に適う姿勢です。しかしそればかりではなく、短期的には利益を確実に上げていくことも企業には求められます。この点について、次にトヨタの損益計算書から読み解いていきましょう。

損益計算書からみたトヨタ自動車の経営

　営業損益、営業外損益、特別損益の順に収入と費用を比較して会社の利益を算出していくのが損益計算書の目的です。**表12－3**は、トヨタ自動車（連結）の19年度と20年度の損益を項目ごとに比較できるように並べて書いたものです。アンダーラインや英字は、説明のために筆者が加えたものです。上から順に見ていきましょう。

　売上高（A）ですが、パンデミック不況で2兆6千億円余り（9.45％）減少しています。抗いがたいマクロ経済事情とみなすべきでしょう。人件費等を含む売上原価（B）は簡単に減らせないので、売上総利益（C）は15％超の減少を見せています。しかし、ここから巻き返しが始まります。一般的な事業会社であれば、Cから販売費・一般管理費を引いて分配の対象となる**営業利益（E）**

表12−3	トヨタ自動車の損益計算書（19・20年度（連結））

（単位：百万円）

年　度				2020	2019
経常損益の部	営業損益の部	売上高	A	25,077,398	27,693,693
		売上原価	B	21,199,890	23,103,596
		売上総利益（粗利益）	C：A−B	3,877,508	4,590,097
		販売費・一般管理費＋金融事業収支	D	1,679,760	2,190,866
		営業利益（…> 図「利益」）	E：C−D	2,197,748	2,399,232
	営業外損益の部	営業外収益（→ 受取利息＋受取配当金）	F	435,229	305,846
		営業外費用（→ 支払利息 …> 図「利子」）	G	47,537	47,155
		経常利益	H：E+F−G	2,585,440	2,657,923
特別損益の部		特別利益（→ その他利益＋為替差損益）	I	366,171	215,626
		特別損失（→ 有価証券含み損*）	J	19,257	80,607
		税金等調整前（税引き前）当期純利益	K：H+I−J	2,932,354	2,792,942
法人所得課税費用（…> 図「税金」）			L	649,976	681,817
当期純利益（…> 図「配当」「内部留保」）			M：K−L	2,282,278	2,111,125

＊有価証券含み損：未実現持分証券評価損，もし売却すれば値下がり損となる金額

を求めます。しかしトヨタ自動車（連結）は，そこに数千億単位の金融事業収支が加わります。そのため営業利益の減少は8.4％あまりに抑制されました。

　次の営業外損益の部では，Eに営業外収益である受取利息／配当金（F）を加え（この段階が事業利益），営業外費用である社債投資家や銀行などへの支払い利息（G）を控除します。その結果，算出されたのが**経常利益**（H）です。19年度と比べ20年度の支払い利息は微増ですが，資産の1／4を占める投資その他の資産からの受取り利息／配当金が40％以上伸びており，経常利益の減少は約725億円（2.73％）に留まりました。

　そして特別損益の部では，まず為替差損益などの特別利益（I）を加えます。外部的要因ですが，20年度は円安が進行した1年でした。円安は海外資産の

円評価を高めますから，特別利益は7割近く増加しました。また控除すべき有価証券含み損（もし売れば値下がり損となる金額）などの特別損失（J）は，1／4以下に縮小しました。その結果，20年度の**税引き前当期純利益**（K）が，1,400億円程度ですが19年度を上回りました。ここで逆転劇が生じたわけです。

　税引き前当期純利益から政府部門へと法人税等（L）が支払われます。この「分配」は消費税還付（注）の効果もあり，株主への配当，および同社自身への内部留保となる20年度の当期純利益（M）は，19年度と比較して約1,700億円（8.12％）の上昇を見ることとなりました。

　売上高の1割近い減少にもかかわらず，当期純利益の8％超の増大という「逆転」には，円安進行等の外部要因があったことも確かですが，金融事業や外部への資本参加など同社の収益を生む財務構造が大きく関わっていることは否定できないでしょう。

（注）多額の設備投資などで支払った消費税が，取引先から受取った消費税を上回った分だけ政府から還付を受ける仕組み

第13週　企業の価値と目的について

1．はじめに

　前週において，コーポレート・ファイナンスの研究分野についてはある程度理解していただけたかと思います。第13週もあまり専門的な内容には入らず，企業財務の本質について認識を深めてもらうことをねらいとします。

　タイトルにある「企業の価値」とは，第12週でお話したように，金融・資本市場で決定される負債と自己資本を合算したものです。ポイントを少し膨らませながらおさらいしましょう。

　金融・資本市場の目的とは何だったか。まず負債や自己資本を流通市場（第11週参照）で投資家の間で売買させ，価格を決定させます。ここで決定される価格が時価です。次に，時価情報を発行市場（同じく第11週参照）にフィードバックさせて，新株の発行価格や新発社債の利回りといった発行条件が決められます。

　流動資産や固定資産が取引される実物市場と同様に，金融・資本市場においても価格は市場が決め，発行量は企業経営者が決めるといった機能分担があるという話もしました。

　株式や社債について，市場が決める価格に経営者が決める量を掛けたものが「時価総額」です。そして，発行されたすべての金融資産の時価総額を足し合わせたものが「企業の価値」です。

　現代ファイナンスにおいては，とくに株式の時価総額をもって企業価値とみなすケースが多く見られます。確かに負債も広い意味での資本の一部ですから重要ですが，銀行借入や社債価格は，企業業績や期待収益を反映して株式ほど

には大きく変動するようなことはありません。企業評価という点で，ただちに市場の審判を受けるのは株価です。まずこの意味で，株式時価総額は特別なのです。加えて，株式が明確な所有権を表す証券である点も特別扱いを受ける理由になります。

　金融・資本市場で調達された資金は，流動資産や固定資産に投資されます。**投資**とは「調達資金によって各種資産を購入すること」です。

　資産の有効利用によって生み出された利益の分配も，「企業の目的」と関わる財務活動です。利益は最初，負債を提供した債権者に利子の形で分配されて，共通インフラを提供した政府に対して納税の形で「分配」され，その後に残った利益（当期純利益）が自己資本を提供した株主への配当と企業自身への内部留保という形で最後に分配されます。

　2節では，利益分配の順序と関わる株主リスクについて，そこから話を発展させ，3節では，「企業の価値」の意味を深掘りし「企業の目的」について考察します。以上の話を前提にして，4節では，企業が発行する金融資産への投資家の視点を交え，各種の投資指標について学びます。

2．株主リスクと経営参加権

利益分配の原則

　利益分配の順序に関して，重要なポイントを強調します。

　分配は，負債の提供者である債権者にプライオリティーがあります。同じ債権者でも銀行の優先順位が一番高く，つづく社債でも優先・普通・劣後の区別がされるケースもあります。

　債権者には，約定された支払い額を出資者に先立って分配することが原則です。株式投資と比較して債券投資のリスクが低いのは，分配の優先性そして利払いと額面償還が約定されていることが関係しています。

　ここでわかりやすく政府部門を省略します（入れても本質は変わりません）。「原則」では，債権者に約定支払い額を分配した後，残りがあれば，自己資本の提

供者（出資者）である株主などに分配します。したがって株主はまったく受取りがない場合もあれば，多くの分配を受ける場合もあります。株主のリスクが高い理由として「無約定」であることと，分配の「劣後性（後回しにされること）」が関係しています。

　株式上場されず金融・資本市場へのアクセスが限定される中小企業は，相対的に少ない自己資本と銀行融資による資金調達が大部分ですが，大企業の場合は社債も含めた負債と新株発行による増資（追加の自己資本）という2種類の資本調達手段を用います。

　企業はリスクの異なる金融資産を発行することで，できるだけリスク回避したい投資家からは社債（債券）で，ハイリスク・ハイリターンを望む投資家からは株式で，それぞれ資金を募ります。その結果，幅広い層から多くの資金調達を可能にします。

事業リスクと株主リスク

　利益分配の原則から，負債と自己資本という2種類の金融資産のリスクに違いが生じていることを述べました。その違いが生じるメカニズムについて，数値例を使って解説します。ある企業は100億円の総資産を，金利10％の負債50億円と，自己資本50億円とで調達しているとします。簡単化のため，政府部門と特別損益はないものと仮定します。すると経常利益がそのまま当期純利益とみなせます。また内部留保もゼロと仮定しましょう。

　将来の状況は不確実で，それぞれの状況（A，B，C）に応じて利益分配の源泉となる事業利益，債権者の分配額，株主の分配額が**表13－1**のように与えられているとしましょう（期間 $n=1$）。

　事業利益は，本業の利益である営業利益に営業外収益である受取利息・受取配当を加えたものです（→ 第12週）。営業活動と財務活動の成果ということで，経営活動全体の成果とみなすことができ，コーポレート・ファイナンスにおいてとても重視されています。

　事業リスクとは，事業利益の標準偏差を指しています。第5週で学んだ計算

| 図13−1 | 将来状況ごとの利益，分配，各リターンと標準偏差 |

単位：億円，カッコ内は各収益率

将来の状況	状況の確率	事業利益	債権者の分配	株主の分配
状況A	50%	130（30%）	55（10%）	75（50%）
状況B	30%	105（ 5%）	55（10%）	50（ 0%）
状況C	20%	80（−20%）	55（10%）	25（−50%）
リターン	───	12.5%	10.0%	15.0%
標準偏差	───	約19.53%	0.0%	約39.05%

（注）株主の収益率は回収すべき投資額も含める

式にしたがって事業利益のリターン（収益率の期待値）は，

$$0.5 \times 30 + 0.3 \times 5 + 0.2 \times (-20) = 15 + 1.5 - 4 = 12.5（\%）$$

ここから同時に学んだ公式に当てはめ，

事業利益の分散：$0.5(30-12.5)^2 + 0.3(5-12.5)^2 + 0.2(-20-12.5)^2$
$$= 153.125 + 16.875 + 211.25 = 381.25$$

事業リスク：$\sqrt{381.25} \fallingdotseq 19.53（\%）$

と求めることができます。

　株主リスクを計算するためには，各状況における株主の分配を知らなければなりません。株主の分配は債権者分配の残余です。ゆえにそれぞれの状況における事業利益から債権者に約定された元利金支払い額（55億円）を等しく差し引きます。与えられた数値の範囲では，債権者が約定額を受取れなくなる債務不履行（デフォルト）は起こりません。したがって債権者は一切のリスクを引受けなくて良いことになります。

　一方，株主への分配は，状況によって収益率に−50％から50％と，かなりのバラツキがみられます。リターンは15.0％，少し高めですが標準偏差を求めると，

株主分配の分散；$0.5(50-15)^2+0.3(0-15)^2+0.2(-50-15)^2$

$$=612.5+67.5+845=1525$$

株主リスク：$\sqrt{1525}\fallingdotseq39.05$（％）

というハイリスクな結果となりました。

　株主リスクが事業リスクに比べて高くなる理由は，事業リスクを一切債権者に負担させず，株主がすべて負担しているからです。この債権者を肩代わりして被るリスクを**財務リスク**と呼びます。債権者が上の例のようにまったくリスクを負担しないか，あるいは低リスクしか負担しないため，株主は事業リスクに加えて，財務リスクを負担することになります（事業リスク ＋ 財務リスク ＝ 株主リスク）。これが債券投資に比べて株式投資が高リスクになる企業財務論からの説明です。もちろん負債がなければ，株主リスク＝事業リスクです。

株主の権利；経営参加権の意味について

　企業が資金調達のために発行した負債や自己資本（バランスシートの貸方）は，企業資産（バランスシートの借方）に対する所有権の証書という性格を多かれ少なかれ有しています。

　所有権は，①使用，②収益，③処分の３つの権利から成り立ちます。

　債権者は②を中心に権利を主張し，とくに銀行の場合は約定された②がリスクにさらされる限りにおいて，①や③についても介入することがあります。資産に対する所有権は「資産の利用への関与」を必然とする，すなわち「経営に関与する権利」でもあるということです。ただし，同じ債権者でも社債保有者からの権利主張は②に限定されます。

　株主の場合はどうなるでしょうか。株主の分配は，上で観てきたように企業が投資した資産の①使用や③処分のあり方次第でまったく違ってきます。より多くの②収益を主張するのに，積極的な「経営関与」は不可欠です。それが保証されなければ株式投資は，まともな運用対象として選択されなくなるでしょう。企業にとっても安定的に自己資本を調達することが困難になります。

　株式の所有者（株主）は，債権者の分も含めて，企業活動から生じる全リスクに対し最終責任を負います。責任を負うからには，責任を果たす機会がなければなりません。それが株主総会議決権をはじめとする経営参加権です。

　経営参加権とは，経営上の重要な決定に参画する諸権利を意味します。参加権は，持ち株比率が高まるにつれて大きく範囲も広くなっていきます（→ 第14週　表14－1）。これには引受けるリスクが拡大するにつれて，経営関与の範囲が拡げられるという見方も可能です。

まとめ；「企業の価値」と「企業の目的」

　金融・資本市場では，市場参加者が株式を売買して市場価格（株価）を決定しています。株価は企業資産に対する「所有権」の価格であると同時に「経営に関与する権利」の価格でもあります。

　株式は公開（上場）されている限り，一般の財サービスと同様，自由に売買（＝評価）されることとなります。この市場評価された結果である時価（価格）と発行済み株式数（存在量）との積が株式時価総額であり，現代ファイナンスではこれを市場評価された「企業の価値」とみなします。

　企業の価値である株式時価総額は，リスクに対して最終責任を負った株主が所有している資産の価値（の合計額）であり，それを最大化することが企業活動の一義的な目的であると言えます。

─【演習問題13−1】─

　下記文章の空欄を埋めよう。同じ記号には同じ言葉が入ります。

　利益配分には，第一に負債の提供者（_A_）に _B_ を配分した後，残りがあれば，自己資本の提供者（_C_，株主など）に配分するという原則がある。_A_ がまったくリスクを負担しない，あるいは低リスクしか負担しないことから _C_ は，企業の _D_ リスクに加えて，_E_ リスクも負担することになる。

　株主は，企業活動から生じるリスクに対して _F_ を負うため，経営上の _G_ に参画する権利（→ _H_ など）が付与される。株価は，企業資産に対する所有権の価格であると同時に _I_ の価格でもある。企業の価値は所有権の市場価格（時価）を集計したもの（＝ _J_ ）であり，これを最大にすることが企業活動の _K_ と見なされる。

3．究極の企業目的とは

株価が究極に意味するところ

　株価の公式（→ 第5週）を展開して，株価そして株式時価総額の究極的な意味について考えます。

　以下では，発行済み株式数は変動しないと仮定します。つまり企業が最大化を目指す株式時価総額は，単純に市場で決まってくる株価だけに左右されるものと考えます。株価 P_0 は1期間だけを想定すれば裁定均衡において，

$$P_0 = \frac{D_1 + P_1}{1+R} = \frac{D_1 + P_1}{1+r+\alpha} \tag{5-4再}$$

となります。分子は1期後の予想配当 D_1 と予想株価 P_1，分母の割引率 R はリスクフリー利子率 r とリスクプレミアム α の合計です。

　企業の目的である株価最大化とは，（5-4）式より利子率とリスクプレミアムが一定とすれば，分子の予想配当 D_1 と予想株価 P_1 の最大化，つまり当該株

194 ─────○

式の将来価値の最大化であると言い換えられます。ここで数式を操作して，（5−4）式上の時間を1期未来にずらすと，

$$P_1 = \frac{D_2 + P_2}{1+R} = \frac{D_2 + P_2}{1+r+\alpha} \tag{5−4}'$$

これは1期後の株価は2期後の将来価値を1期分割引いた値であることを示しています。論理的に矛盾はありません。この（5−4）'式を（5−4）式の分子にある予想株価 P_1 に代入すると，

$$P_0 = \frac{D_1 + P_1}{1+R} = \frac{D_1 + \frac{D_2+P_2}{1+R}}{1+R} = \frac{D_1}{1+R} + \frac{D_2+P_2}{(1+R)^2}$$

と，展開できます。この最後尾の分子 P_2 に，

$$P_2 = \frac{D_3 + P_3}{1+R} = \frac{D_3 + P_3}{1+r+\alpha} \tag{5−4}''$$

をさらに代入すれば，

$$P_0 = \frac{D_1}{1+R} + \frac{D_2 + \frac{D_3+P_3}{1+R}}{(1+R)^2} = \frac{D_1}{1+R} + \frac{D_2}{(1+R)^2} + \frac{D_3+P_3}{(1+R)^3}$$

となります。以下，同様の操作を繰り返せば，

$$P_0 = \frac{D_1}{1+R} + \frac{D_2}{(1+R)^2} + \frac{D_3}{(1+R)^3} + \frac{D_4}{(1+R)^4} + \cdots + \frac{D_n}{(1+R)^n} + \cdots \tag{13−1}$$

を得ます。（13−1）式を見ると，将来にながく続く配当を，それぞれ複利で現在価値に直し足し合わせています。（5−4）や（5−4）'（5−4）''には予想株価（$P_1, P_2, P_3 \cdots$）がありましたが，（13−1）には見当たりません。結局，予想株価は株価決定要因からは消えてしまい，重要なのは配当であると理解されます。

　そもそも配当とは，当期純利益が株主に還元されるものでした。配当のための資金は，企業業績が思わしくないときも株主に配慮して，企業資産を売却するなどして捻出することはあります。しかし，そうした無理は長続きしません。

将来の予想配当は，将来の予想される当期純利益によって決定されると言ってよいでしょう。そうだとすると現在の株価を決定しているのも，将来に期待される当期純利益と結論できます。

企業活動の究極的目的

　前節で，企業の目的は株式時価総額の最大化であると述べておきました。でもその話には先があって，時価総額の最大化は，将来期待される当期純利益の最大化でした。つまり企業が営々と努力を続ける究極的な目的は「<u>将来期待される当期純利益の最大化</u>」だったわけです。

　あくまでも純粋な理論上の話ではあります。しかしながら，非営利である場合を別として，この目的を無視した企業が大きく発展することも，永く業界における地位を維持することも，これまでできなかったことは事実なのです。

　長期にわたって成長を続けてきた大企業を見れば明らかでしょう。前週においてトヨタ自動車の例を引きました。トヨタはパンデミック不況の只中にあって，約10兆円（連結）の投資を実行しました。しかしながら，それが5年先10年先を見据えた綿密な計画に基づくものであることを，株主や投資家に納得してもらう努力をしていることも忘れてはいけません。

　また同社は，売上高の大幅減にかかわらず当期純利益を増加させました。この増加は一時的ではなく，もう何年も続いていて，毎年のように過去最高益を更新してきているのです。着実な実績の積み上げは株主を満足させると共に，投資によって生み出された将来への「期待」を「確信」へと変えます。将来への投資と過去からの実績は，いわば「企業の目的」を実現するための両輪と言えるでしょう。

　反対にかつて世界の時価総額ランキングにも名を連ねた大企業が衰退あるいは消滅するのは，実績としての利益が出せなくなったことを主要因のひとつに挙げることができます。株主からすれば，利益が出ないのが一時的ではなく将来にも期待ができなくなったとすれば，長く株主を続けてきた人も売却を決断せざるを得なくなります。

　負債の場合も，債務が履行できるだけの事業利益が期待できなければ，銀行からも融資が受けられなくなります。企業にとっては，自らの将来に期待がもたれなくなれば資金調達ができなくなって，事業の存続が困難となります。

　企業の存続と発展にとって重要なことは，将来への期待です。そのために求められることが，①着実に利益を増大させているという実績づくり，②合理的な将来予想に裏付けられた（つまり既存株主や市場参加者を納得させられる）投資であり，どちらかが欠けても成功裡にことは運びません。

世界の時価総額ランキング

　究極的な企業の目的が将来期待される利潤の最大化であり，そのために実績と投資が必要であるという話をしました。ここで，少し世界に目を向けましょう。世界の大企業がどのような実績を積んで，どのような投資を行ってきたかを具体的に見ていくことはできませんが，代わりに世界の時価総額ランキング（1〜40位，2021年5月末）を眺めたいと思います。

　そこには，将来の利益が大きく拡大すると市場参加者によって評価された結果が表れていると考えられます。時価総額には発行済み株式数も関係するので単純に判断はできません。ですが株数を増やすにも，過去の実績と投資がなければそれも叶わなかったわけですから，目的にかなった経営をしてきた企業のランキングとみなして大きく外れてはいないと思われます。

　さて，全体を通して米国籍企業が目立っています（40社中25社）。アメリカという国は，世界のGDPシェアが30年前とほとんど変わらず25％弱のままです。これは世界全体のGDPが新興国を中心に成長を続けてきたことを考えれば，世界平均に等しい成長率を維持してきたことを意味します。成長率維持を支えたのは，言うまでもなくランキング上位に出てくる企業の多くです。それらは利潤という実績を積み上げつつ，将来の成長に向けた綿密な計画に基づく投資を継続させてきたと考えられます。ただし多くの企業は，過去30年で大きく入れ替わりました。

　現代において，ランキングの中でも上位は情報通信系が中心です。この分野

図13－2	世界の時価総額ランキング（上位40社）

2021年5月末時点（単位：百万ドル）

順位	企業名	時価総額	国　籍
1	アップル	2,079,280	アメリカ
2	マイクロソフト	1,881,089	アメリカ
3	サウジアラビア石油	1,878,922	サウジアラビア
4	アマゾン	1,624,427	アメリカ
5	アルファベット	1,581,668	USA
6	フェイスブック（現メタ・プラットフォームズ）	933,922	アメリカ
7	テンセント	743,524	中　国
8	バークシャー・ハサウェイ	665,186	アメリカ
9	テスラ	602,087	アメリカ
10	アリババ・グループ	579,810	中　国
11	台湾積体電路製造	551,526	台　湾
12	JPモルガン・チェース	497,176	アメリカ
13	サムスン電子	488,051	韓　国
14	ビザ	450,736	アメリカ
15	ジョンソン&ジョンソン	445,585	アメリカ
16	貴州茅台酒	439,695	中　国
17	エヌビディア	404,813	アメリカ
18	ルイ・ビトン	402,015	フランス
19	ウォルマート	399,599	アメリカ
20	ユナイテッドヘルス	388,852	アメリカ
21	バンク・オブ・アメリカ	364,119	アメリカ
22	マスターカード	357,695	アメリカ
23	ネスレ	348,514	スイス
24	ホーム・デポ	339,639	アメリカ
25	プロクター&ギャンブル（P&G）	330,144	アメリカ
26	ウォルト・ディズニー	318,176	アメリカ
27	ペイパル	305,263	アメリカ
28	エフ・ホフマン・ラ・ロシュ	299,163	スイス
29	中国工商銀行	294,812	中　国
30	ASML	279,857	オランダ
31	中国建設銀行	257,477	中　国
32	コムキャスト	263,421	アメリカ
33	ロレアル	253,067	フランス
34	エクソンモービル	247,139	アメリカ
35	アドビ	241,694	アメリカ
36	コカ・コーラ・カンパニー	238,355	アメリカ
37	ベライゾン・コミュニケーションズ	233,872	アメリカ
38	トヨタ自動車	232,168	日　本
39	招商銀行	231,691	中　国
40	インテル	230,651	アメリカ

（参照）https://stocks.finance.yahoo.co.jp/us/ranking/

は技術革新が著しいことで知られます。単に事業拡大のための投資ではなく，新事業開拓のための研究開発（R&D）に多額の資金をつぎ込んできたと考えられます。米国以外では中国6社，フランス2社，スイス2社，日本を含むその他5国が1社ずつです。日本はトヨタ自動車が38位にランクインしています。

---【演習問題13－2】---

　「企業の目的」という観点から，前頁の「世界の時価総額ランキング」を観て考えられることを自分で調べたことも含めて200字から250字で述べなさい。

4．コーポレート・ファイナンスと投資指標

証券発行の意味

　企業の究極目的が，期待利潤の最大化による株式時価総額の最大化であるという話をしました。けれどもそれは総体としての市場の話であって，資産運用が目的で株式を売買している個々の投資家にとってはピンとこない話かもしれません。私たち個々人は，企業そのものをどうこうしようという感覚はあまりないかもしれません。生活費と区別された余裕資金を通じて，自己の利益をできるだけ大きくしたいだけかもしれません。そうした私たちの感覚にあった経営への参加手段が，株式などの小口証券投資ということができます。

　企業にとって，証券を用いて資金調達をする意義とは何でしょうか。

　証券は，企業利益の分配や経営参加という本来は大口の権利を細分化します。そして多人数から投資に必要な資金を少しずつ調達していきます。仮に1億円単位でしか株式投資できなかったとすれば，金融機関か一部の富裕層からしかお金を集めることはできないでしょう。

　また証券は，流通市場でいつでも他人へ売却することが可能です。そのため必要以上の心配や躊躇をすることなく，適時に自己資金を投じることができま

す。

　証券は小口であることと流通市場の存在とによって，多くの人がひとつの企業に投資することを可能とします。その結果，企業は大量の資金を調達できるようになっているわけです。

　投資指標には1株当たり純利益（EPS）や1株当たり純資産（BPS）といったものが出てきます。これらは小口の投資家の感覚にも適合した企業経営の評価基準と言うことができるでしょう。

投資指標とは

　一般に投資指標というと，発行企業の収益や資産の観点から，株価の割安度等を判断する基準を意味します。実際にそういった使われ方もするのですが，ここまで学習したように，調達資金をいかに企業目的に沿って効率的に運用したかを測る物差しの役割も果たしています。

　投資指標にはさまざまな種類があり，①純利益，②純資産，③資産に対する利益，それぞれの観点から分類することが可能です。順に解説します。

純利益の観点からの指標；EPSとPER

　1株当たり純利益（EPS, earning per share）は，その名の通り当期純利益を発行済み株式総数で割って求めます。過去1年の経営成果である純利益をすべて株主還元すれば，1株当たりいくらが分配されるかを意味します。低いより高い方が，企業が効率良い経営をして利益を稼ぎ出したと評価できます。しかし割の良い投資だったかはEPSだけで判断できません。

　割の良い株式投資かどうか，もしくは当該銘柄が割安か割高かは，株価収益率（PER, price earnings ratio）によって判断します。PERは，株価（時価）をEPSで割って求めます。単位は「倍」です。

$$PER = \frac{株価}{EPS} = \frac{株式時価総額}{当期純利益} \quad (倍) \qquad (13-2)$$

PERは，株式時価総額を当期純利益で割っても求められます。時価総額を発

行済み株式数で割れば株価が，当期純利益を同じく発行済み株式数で割れば EPSになりますから，同じことですね。

PERとは，時々の1株購入価格である株価が1株当たり利益（分配）の何倍 かを表すものです。これはいろいろな解釈が可能です。投資したときの株価を 株主に還元される年当たり利益で割るものなので，投資金額を利益分配（配当） によって回収するのに何年かかるかを示す指標という見方ができます。また同 業他社の銘柄と比較して倍率が低ければ割安，高ければ割高という使われ方も 一般に見られます。

PERは企業目的という観点からすれば，過去1年の実績である当期純利益 に対して将来配当（当期純利益の分配）の現在価値（の合計）を，市場参加者が何 倍と期待しているかという「期待の大きさ」を表す指標ともみなせます。単純 に同業者と比較して高いから割高なのではなく，大きな期待をかけられるだけ の経営努力を反映しているのかもしれません。PERはいろいろ異なる角度か ら解釈してみることも大切です。

純資産の観点からの指標；BPSとPBR

次に純資産（≒自己資本）の観点による指標についてです。

1株当たり純資産（BPS, book-value per share）は，純資産を発行済み株式総 数で割って求めます。株主の持ち分である過去から積み上げた純資産（資本 金＋剰余金）を1株当たりに直した値です。やはりEPSと同様に，単独で評価 に使えるものではありません。

株価純資産倍率（PBR, price book-value ratio）は，株価（時価）をBPSで割っ て求めます。PERの時と同様に，PBRは時価総額を純資産で割っても求める ことができます（企業全体か1株当たりかの違いです）。

$$PBR = \frac{株価}{BPS} = \frac{株式時価総額}{純資産} \quad (倍) \qquad (13-3)$$

PBRも株価が割高か割安かを判断するのに使われます。ただ，後の演習問題 を解いてみてもわかることですが，PERほど大きな値にはなりません。そし

てPERよりはっきりした意味付けが可能です。

　純資産は，いまただちに会社を解散した場合に株主に分配される金額（解散価値）を意味します。PBRが1.0を超えるということは，市場が当該企業を解散価値以上に評価している，すなわち将来より多くの価値（利益）を生み出すと期待している表れであるという解釈も可能です。

　反対にPBRが1.0より小さければ，ただちに会社を解散した方が将来期待できる価値より受取りが良いということなので，市場の評価は厳しくなっている，経営にどこか問題があるのではないかと判断される場合もあります。株価低迷の原因はさまざまなので，必ずしもそうとは限りませんが。

収益性の観点からの指標；ROE，ROA，ROS

　各種の利益が資産（純資産，総資産），あるいは売上高に対してどれだけかという収益性の観点からの指標も，企業の財務・経営パフォーマンスを評価する上で重視されます。

　自己資本利益率（ROE, return on equity）は，純資産（≒自己資本）に対する当期純利益の比率です。正確に言うと自己資本は，純資産から「新株引受権」「非支配株主持ち分」を控除した値です。しかし，トヨタ自動車のような大企業ではない多くの企業では，両者の区別はとくにしません。したがって煩雑さを避けて，以下で使い分けはしないことにします。式にすると，

$$ROE = \frac{当期純利益}{自己資本} \times 100 \ (\%) \tag{13-4}$$

ROEが高いほど，株主から託された自己資本を有効活用して利益を出しており，財務パフォーマンス良好な企業であると評価されます。とくに欧米では，ROEが10％を下回ると株式が売りに出されるなど，市場による企業統治（ガバナンス）の材料として重視されます。近年の日本でも，外国人持ち株比率が上がってきたことなどを理由にROEの注目度は上昇しています。

　総資産利益率（ROA, return on asset）は，自己資本に負債を合わせた総資産に対して，どれだけの利益が生み出されたのかを示す指標です。

$$ROA = \frac{\text{各種の利益}}{\text{純資産（総資本）}} \times 100 \ (\%) \qquad (13-5)$$

企業に投下された負債も含めた総資産（総資本）が，利益獲得のためにどれほど効率的に利用されたかを意味し，ROEと並んで財務パフォーマンスを表す主要な指標とみなされます。ROAは分子に入る利益の種類によって，総資産営業利益率，総資産事業利益率，総資産経常利益率，総資産純利益率と多岐します。例えば株主の立場からは，総資産純利益率が重視されるでしょう。

　売上高利益率（ROS, return on sales）は，売上高の割に利益がどれくらいの水準かを示す収益性指標です。ROAと同じく各種の利益を使い，売上高で割って求めます（100を掛けて％にします）。損益計算書だけで算出できるので，手軽に同じ企業の過去や他社と比較したりすることができます。

─【演習問題13−3】────────────────────────

　表の数値から各社のPER，PBR，ROEを計算しよう。

当期純利益と自己資本は，2021年3月期

	株価（円）	当期純利益（百万円）	自己資本（百万円）	発行済み株式数（株）
日本電信電話（NTT）	3,165	916,181	7,562,707	3,622,012,656
ソフトバンク・グループ	5,522	4,987,962	10,213,093	1,722,953,730

＊発行済み株式数は10万の位を四捨五入，割切れない場合は小数点以下第3位を四捨五入，自己資本＝純資産とする。

第14週 キャッシュ・フローと投資の決定

1. はじめに

　前2週で，コーポレート・ファイナンスのエッセンスについてお話しました。そこで理解の手助けをしたのは2つの財務諸表「貸借対照表（バランスシート）」と「損益計算書」でした。これらは経営分析の基礎となる情報を提供します。

　バランスシートは，投資手段となる資金調達の中身（負債と自己資本）と，投資の結果である資産の中身をチェックして，事業の性格や財務の状況を認識するのに役立ちます。損益計算書では，分配するべき利益がどこでどのように生み出されているのかを流れとして認識できます。

　しかしながら，バランスシートと損益計算書だけでは実際よくわからない企業活動の核心部分があります。それは投資の中身です。成功する企業は断続的・連続的に投資を行うことによって，人の生涯かそれ以上の尺で事業を続けることができます。企業活動の目的である利益を継続してもたらすものも，適切な判断にもとづく投資に他なりません。逆に上手く投資が行われない企業は，衰退していくことになります。

　バランスシートや損益計算書がもたらす情報は有益であるけれど，投資活動そのものにアプローチするには具体的なお金の流れを観ていかなければなりません。この「お金の流れ」はキャッシュ・フローという概念で捉えることができます。第14週ではキャッシュ・フロー概念を基礎にして，企業がどのように投資を決定しているか理解しましょう。

　2節では，企業の投資活動を理解するための基本事項について順を追ってお話していきます。3節では，企業の投資活動の中身を知るのに必要なキャッシ

ュ・フロー計算書および投資の意思決定に大きく関わる資本コストについて勉
強しましょう。そして4節で，投資の意思決定に関する正味現在価値法と内部
収益率法という2つの代表的アプローチについて学びます。

2．投資活動の基本事項

フローとストック，およびキャッシュ・フロー

　企業による投資を考える上で，一番基本になる概念がフローとストックです。
フローとは，ある期間に新規に発生した金額を表すものです。**ストック**とは，
過去から行われた活動の結果として，ある時点でどれだけの金額が蓄積されて
いるかを表すものです。例えば，これからお話する投資の金額はフローの概念
であり，過去の投資によって蓄積された資産額はストックの概念です。損益計
算書に計上される各種の収入や費用そして利益はすべてフロー概念，バランス
シートに記載された負債や自己資本は，過去から行ってきた資金調達の結果と
してある時点に存在しているストック量を表しています。

　これから頻繁に登場するキャッシュ・フローは，現金収入と現金費用の差，
すなわち企業に実質的に入ってきた現金のことを意味します。収支なのでプラ
スとマイナスの両方，収入が費用を上回ればプラス，費用の方が多ければマイ
ナスにもなります。

　今週の主題である**投資**とは，すでにお話したように将来利益を生み出すよう
な資産を購入すること（支出）なので，純粋にマイナスのキャッシュ・フロー
です。詳細は後ほどお話します。

投資の種類

　一口に投資と言ってもバラエティーがあります。企業の投資活動にはどうい
った種類があるのか見ていきましょう。

（1）設備投資

　設備投資は，1年以上利用する設備・機械を購入する投資のことです。あらゆる投資の目的は将来キャッシュ・フローを獲得することですが，設備投資がもたらすキャッシュ・フローは長期間（1年以上）にわたって得られるという特徴があります。

　設備投資は，目的によって3分類できます。

　増産投資は，生産を増やすためにすでに保有している工場・機械と同様の設備を追加的に購入するケースです。対して**新規投資**は，従来までとは違った新ビジネスに進出するときに新規に工場・機械などを購入する投資のことを指します。もうひとつ，**取替投資**は，保有している生産設備が古くなったために，新しい工場や機械と置換することを意味します。

（2）在庫投資

　生産設備の増減と直接関わらないものが**在庫投資**です。大きく2つあって，ひとつは製品を作るために原材料を購入すること，もうひとつは将来の販売に備えて製品をあらかじめ製造しておくことです。とくに製造業においては在庫投資が事業の存続・発展と直結するため，関連するシステムがさまざまに生み出されてきました。トヨタ自動車のジャスト・イン・タイムは良く知られています。

　在庫投資は事業の効率性とじかに関わります。不足は生産・流通をストップさせてしまうので，あってはなりません。過剰は調整で対処できる部分もありますが，効率性の観点からは最小化が望まれます。品不足に陥らず過剰生産も減らしていくことが，生産システムにおける永年のテーマです。

　在庫投資の特徴は，それによってもたらされるキャッシュ・フローが短期的（1年以内）に得られることです。この点が設備投資と対比されます。

（3）研究開発（R&D）投資

　新技術・新製品を開発するための研究活動に資金を投入することを，**研究開**

発（R & D；research and development）投資と言います。新規ビジネスに参入したり，既存ビジネスの効率性を向上させたりするのに必要とされる投資です。

　前週，世界の株式時価総額ランキングを紹介しましたが，上位にランクインした多くの企業はR & Dに多額を投入していることでも知られています。企業を発展させるのも経済の成長をもたらすのも研究開発であるという認識はますます高まっています。産業界・政府部門・大学（産官学）の連携による研究開発が重視されるのもそのためです。

　しかし，かけたコストに対する成果のリスクが大きい（実れば大きいが簡単に実らない）こともR & D投資の特徴でしょう。何にどれだけコストをかけるのか，経営者の判断力・決断力が求められます。

（4）金融投資

　以上に観てきた設備投資，在庫投資，およびR & D投資は，本業に関わる投資に分類されます。これら以外にも将来キャッシュ・フローの獲得を目的とした他企業の株債券の購入や国債の購入といった**金融投資**も，企業の財務活動の一環として行われています。

　個人の資産運用と共通している部分もありますが，もちろん違っていることも多くあります。一番異なる部分は，企業が行う金融投資には他企業の株式取得を通じて経営権を獲得する事業戦略上の目的が含まれることです。

　多くの個人株主にとって経営参加権は，株主総会に参加して経営側の説明を聞いて質問して意見を述べたり，議決に参加したりすることです。しかしながら，株主が保有する株数が多くなるほどに，経営上の意思決定に大きな影響を与えられるようになります。具体的には**表14−1**に見られるように，持ち株比率（発行済み株式総数に占める保有株数の割合）が高くなるにしたがって株主の権利が拡大していきます。

　企業が海外進出を目指して外国支店を設置したり，経営支配を目的として外国株式・社債を購入したりすることを**直接投資**と言います。後者の場合，株式ならば発行済み株式数の10％以上を取得しているかが境目となります。国際

| 表14-1 | 持ち株比率と経営参加権の範囲 |

持ち株比率	株主に与えられる経営参加権
1％以上	株主総会において独自に議案を提出する
3％以上	総会の招集，経営資料の閲覧，取締役・監査役の解任請求
10％以上	会社の解散を裁判所に請求する
1／3以上	株主の特別議決*を単独で阻止する
1／2超	単独で株主総会の普通議決ができる
2／3以上	株主総会の特別議決が単独でできる
100％	単独で会社にかかわるすべての意思決定ができる

＊議決権の過半数を有する株主が出席し，出席した株主の議決権の3分の2以上の賛成を必要とする決議のこと。それ以外が普通決議。

収支統計でも10％未満ならば，一般の証券投資と同じ扱いです。内外を問わず，企業が株式を買い取る形で経営権を取得するためには，最低でも半数以上の株式取得が求められます。

ゴーイング・コンサーンと配当政策

　企業は解散しない限り，組織として数十年にわたってビジネスを継続していきます。こうした企業の特徴をゴーイング・コンサーン（永続企業）と呼んでいます。ゴーイング・コンサーンであるために企業は大小さまざまな形で投資（資産の購入）をして，それらを有効に活用し，長期間にわたりキャッシュ・フローを生み出します。キャッシュ・フローこそ分配されるべき利益の源泉であって，それを生み出すことが投資する目的と言えます。

　企業の投資活動に関して，目的に合わせて2種類の異なる処理が行われます。伝統的に企業会計では，投資した各資産がキャッシュ・フローをもたらす全期間にわたって投資費用を分割計上していきます。各期に計上される費用は減価償却費と呼ばれます。対して投資意思決定に用いられる正味現在価値法や内部収益率法においては，初期投資額が一括計上されます（4節参照）。あくまで目的の違いであって，どちらが適切という話ではありません。

　減価償却という会計処理が行われるのは，投資した資産が将来古くなったり，技術的に時代遅れになったりしたときの再投資（上記した取替投資）に備えるためです。企業は現存の設備の取替えに備えて，毎年，減価償却分のキャッシュ・フローを企業内に蓄積していかなければなりません。これが**内部留保**です。そしてキャッシュ・フローから生まれた当期純利益が内部留保されず，株主に分配されたものが**配当**ということになります。

　ゴーイング・コンサーンとして企業が存続していくために，内部留保は不可欠の資金源となります。留保された利潤（利益剰余金）は（配当や利払いが要求される）資本金や借入と異なり，コストのかからない資金となります。企業としてはできるだけ内部留保を多くしたい一方で，リスクを負担してくれた株主に配当という形で利益還元する必要もあって，そこに一種のジレンマが生まれます。

　当期純利益のうち，どれだけの割合を配当として株主還元し，どれだけを内部留保するか決定することを**配当政策**と言い，株主総会における重要議題のひとつとなります。もちろん留保された利潤も将来のキャッシュ・フローを生む，株主に所有権がある資産ですが，経営者には株主が納得できるよう説明する義務（説明責任）があります。

　内部留保を正当化させる主な理由が減価償却ですが，他にも理由はあります。新規投資にあたり，外部から借入れをしたり新株を発行したりするより，上で述べたようにコスト（資本コスト，後述）がかからないことも理由のひとつです。一方で，留保された利潤が一向に設備投資やR＆D投資に向かわず，安全で流動性の高い金融資産ばかりに運用されているといった批判も時々耳にします。貨幣需要が不確実性の増加関数という面は，個人であっても企業であっても違わないように思われます。しかし過剰なリスク回避が将来リターンを低下させているという負の側面については，企業の場合，株主の視点からは深刻なマイナス評価となります。

　配当政策に対しては，ゴーイング・コンサーンの観点から最適であるということを説明する義務が経営者にあるとともに，株主側にも目先の配当ばかりにとらわれない長期的な視野が求められていると言えるでしょう。

─【演習問題14－1】─

　以下の文章の空欄を埋めよう。同じ記号には同じ言葉が入ります。

　設備投資のうち，生産を増やすためにすでに保有している生産設備と同様の設備を追加的に購入するものを<u>A</u>，新ビジネスを始めるために新規に工場・機械などを購入する場合を<u>B</u>という。設備投資がもたらすキャッシュ・フローが<u>C</u>にわたって得られるのに対し，在庫投資のそれは<u>D</u>に得られるという違いがある。

　企業は，現存の設備の<u>E</u>に備えて，毎年<u>F</u>分の当期純利益を株主にわたさず企業内に蓄積しておく必要がある。実際に株主に還元した部分が<u>G</u>であり，企業が取っておく部分を<u>H</u>という。当期純利益のうち何パーセントを<u>G</u>として支払い，何パーセントを<u>H</u>するかを決定することを<u>I</u>と言い，株主総会の主要な議題のひとつとなる。

3．キャッシュ・フローと資本コスト

　この節では，企業の投資分析に欠かせないキャッシュ・フロー計算書と資本コストについて解説します。

キャッシュが特別な理由

　企業経営にとって，現金は特別扱いされる存在です。その理由は，第11週で貨幣の決済機能として述べたことに由来します。

　企業経営は営業においても金融取引においても，常に支払いの準備をしておく必要があります。財サービスの代金支払い，負債返済や利払い，配当金の支払い等々・・・これらに使えるものは現金もしくは預金通貨です。これら流動性資産は，短期的には借りてでも，必要額を手元に置いておかねばなりません。

　仮に損益計算書上は黒字であっても，支払いに必要な現預金が準備できなけ

れば極端な話，会社は倒産することだってあります。たとえば売掛金は収入として計上されますが，支払いの役には立ちません。あるいはバランスシートの借方に負債額以上の有価証券を保有していたとしても，証券自体は決済に使えません。売掛金は実際に代金を受取り，有価証券は市場で売却して，現預金に変換されて初めて決済に供することができます。

　取引先あるいは投資先として企業を考える場合に，利益を生み出す力と同様に，支払い能力がどれだけあるかも大切な評価項目となります。

キャッシュ・フロー計算書について

　キャッシュ・フロー計算書が近年，バランスシートや損益計算書と並んで重んじられるようになった背景には，企業の決済手段を獲得する能力を見極めなければならないという認識の高まりがありました。キャッシュ・フロー計算書とは，各年度において企業活動によって生み出された正味（もしくは純）現金収入（現金収入－現金費用）を，①営業活動，②投資活動，③財務活動の各勘定項目に分け計算したものです。その目的は，決済手段である貨幣が何によってどれだけ生み出されたかを記録することにあります。

　本業に関わる投資や金融投資によって取得した資産が，当該年度に生み出した正味現金収入を計算したものが**営業活動によるキャッシュ・フロー**です。ここで損益計算書における営業利益との違いが重要になります。損益計算書には，減価償却費や売掛金など現金の出入りを伴わない項目が計上されます。キャッシュ・フロー計算書では，減価償却費を足し戻す，売掛金増加分を引き算するなどの調整を行うことによって実際の現金流出入を再計算します。そうすることで各期において実際に回収した投資の成果を読み取ることができます。

　投資活動それ自体における現金流出入を記録した部分が，**投資活動によるキャッシュ・フロー**の勘定項目です。たとえば有形固定資産の取得は，「貨幣を支出」していますから「マイナス項目」として計上されます。その一方で，有形固定資産の売却は「貨幣の収入」を生み出すので「プラス項目」になります。資産売却のことを「マイナスの投資」という場合があります。金融資産も同様

| 表14-2 | トヨタ自動車のキャッシュ・フロー計算書 |

(単位：百万円)

	2019年度	2020年度
営業活動によるキャッシュ・フロー		
当期利益	21,111,254	2,282,378
減価償却費及び償却費	1,595,347	1,644,290
金融事業に係る利息収益及び利息費用	△193,046	△236,862
持分法による投資損益	△310,247	△351,029
法人所得税費用	681,817	649,976
資産および負債の増減ほか	△1,319,537	△1,063,562
利息の受取額	798,458	776,748
配当の受取額	318,408	294,520
利息の支払い額	△506,307	△459,181
法人所得税の支払い額	△777,522	△810,117
営業活動によるキャッシュ・フロー	2,398,496	2,727,162
投資活動によるキャッシュ・フロー		
有形固定資産の購入〈賃貸資産を除く〉	△1,246,293	△1,213,903
賃貸資産の購入	△2,195,291	△2,275,595
有形固定資産の売却〈賃貸資産を除く〉	47,949	40,542
賃貸資産の売却	1,391,193	1,371,699
無形資産の取得	△304,992	△278,447
公社債および株式の購入	△2,405,337	△2,729,171
公社債および株式の売却	1,151,463	1,020,533
公社債の満期償還	1,224,185	1,041,385
その他	212,473	△1,661,218
投資活動によるキャッシュ・フロー	△2,124,650	△4,684,175
財務活動によるキャッシュ・フロー		
短期有利子負債の純増減額	279,033	△1,038,438
長期有利子負債の増加	5,690,569	9,656,216
長期有利子負債の返済	△4,456,913	△5,416,376
親会社の所有者への配当金の支払い額	△618,801	△625,514
非支配持分への配当金の支払い額	△54,956	△36,598
自己株式の取得（△）及び処分	△476,128	199,884
財務活動によるキャッシュ・フロー	362,805	2,736,174
現金及び現金同等物に対する為替変動の影響額	△141,007	220,245
現金及び現金同等物純増減額	495,645	1,002,406
現金及び現金同等物期首残高	3,602,805	4,098,450
現金及び現金同等物期末残高	4,098,450	5,100,857

に考えて，購入（投資）はマイナス項目，売却（マイナス投資）はプラス項目，関連会社への直接投資などもマイナス項目となります。これらのプラス項目とマイナス項目を総計して投資活動によるキャッシュ・フローは算出されます。

　最後に**財務活動**によるキャッシュ・フローは，資金調達や利益分配と関わる現金の流出入を記録した部分です。資金調達に関して，新株発行でも社債発行でも，銀行からの借入でも，現金の流入はすべてプラスでカウントされます。それに対して，借入金の返済，社債の償還，利息の支払い，配当金の支払いなどはすべてマイナス・カウントです。

　以上について記録・集計した例として，トヨタ自動車の2019／2020年度連結キャッシュ・フロー計算書（**表14－2**）を前頁に載せました。コロナ禍中での投資・財務活動の積極化を読み取ることができると思います。

資本コストとは

　企業の投資の意思決定においてキャッシュ・フローと同時に考慮しなければならない要素が**資本コスト**であり，負債や自己資本など資本を調達するコストを意味します。コストと言っても金額として表示するのではなく，一般に以下のような割引率として表されます。

$$資本コスト R＝（安全資産）利子率 r ＋ リスクプレミアム α$$

記憶があると思いますが，株式などリスク資産収益率と同じです。それは当然で，私たちが資産運用するときの収益率あるいは利回りは，株式・社債を発行する企業からみれば調達する資金に対する支払うべき（利子や配当などの）費用の割合を意味するからです。そのため資本コストには，企業が生み出すキャッシュ・フローと同じリスクの金融商品の期待収益率が適用されます。

　負債がないとき，前週で述べたように株主のリスクは企業の事業リスクと同じになります。したがって，株主が企業に求める収益率は，事業リスクと同じリスクを持った証券の収益率に等しくなると考えられます。

　企業が負債を利用すると，株主のリスクは事業リスク以上の高さとなり，株

主はハイリターンを企業に求めるようになります。その一方で，債権者はローリスクに見合ったローリターンを求めることとなります。

2種類の資本コストとWACC

　以上より，資本コストには負債資本コストと自己資本コストの2種類があると理解できるでしょう。

　負債資本コストは，社債の額面償却と利払いが滅多なことではリスクに晒されないため，安全資産の利回りと考えてほぼ間違いありません。同じことですが，社債価格（割引現在価値）を計算する際の割引率は，安全資産の収益率（利回り）が一般に用いられます。ただし信用リスクが非常に高まったとして，格付け機関によって債券格付けがBB以下（投機的格付け）に引き下げられた時には，社債利回りの上昇から負債資本コストも高まります。国の負債資本コストである国債利回りが，格付け低下で上昇したときも事情は同じです。

　自己資本コストは，負債の有無によって事情が違ってきます。負債がない場合は，企業のキャッシュ・フロー全体のリスクに見合ったコストに等しくなります。負債がある場合，事業リスクに財務リスクが加わる分，株主が要求するリターンの高まりから，自己資本コストはキャッシュ・フロー全体のリスクに見合ったコストよりも高くなります。

　では実際に企業は，調達資金の全体に対してどれだけの資本コストを引受けるのでしょうか。ここは次週のテーマである最適資本構成とも関わるので，明確にしておきたいと思います。

　企業が負債か自己資本かどちらか1種類だけで資金調達する場合は単純です。資本コストは，負債だけの場合は安全資産利回りに，自己資本だけの場合は事業リスクと同じリスクの証券リターンに，それぞれ等しくなります。

　より一般的な場合，すなわち負債と自己資本の両方とから資金調達しているときですが，企業は2種類の収益率を考慮しなければなりません。ひとつは負債に対応した安全資産利回りです。もうひとつは上で述べた負債がある場合の自己資本コスト，すなわち事業リスクと財務リスクを合わせた程度のハイリス

ク証券における（いわば均衡）収益率です。企業が引受ける資本コストは，両方のコスト（割引率）を負債と自己資本それぞれの保有割合でウェイト付けした加重平均として算出されます。その名も**加重平均資本コスト**（WACC; Weighted Average Cost of Capital）と呼ばれます。

【演習問題14－2】

以下の文章の空欄を埋めよう。同じ記号には同じ言葉が入ります。

営業活動によるキャッシュ・フローにおいて，会計上は収益・費用として計上されているが， A を伴わない項目（減価償却費，売掛金など）を（減価償却費を B ，売掛金増加分を C など）調整することでキャッシュ・フローを計算する。投資活動によるキャッシュ・フローでは，有形固定資産の D はマイナス計上され，同資産の E はプラス計上される。

自己資本コストは F がない場合，企業の G のリスクに見合ったコストに等しくなるが， F がある場合には G のリスクに見合ったコストよりも高くなる。 H 資本コスト（WACC）は，自己資本コストと I を自己資本と F の保有割合でウェイト付けした H として求められる。

4．投資についての意思決定

ここまで投資の意思決定に必要な諸概念，道具立てについてお話してきました。前節では投資評価に必要なキャッシュ・フローおよび資本コストについて説明しました。ここからは実際の投資意思決定について解説します。

一般に用いられる投資の評価法には，正味（純）現在価値法と内部収益率法の2種類があります。どちらも本質的な部分は共通していますが，観る角度が違います。どちらの方法でも評価は2段階に分かれ，①まず実行可能な投資か否かで各投資案件をふるいにかけ，②残ったプロジェクトの中で優劣をつけて企業価値最大化に貢献する案件から順に実行へと移していきます。

正味現在価値法

正味（もしくは純）現在価値（NPV, net present value）とは，投資が生み出す将来キャッシュ・フローの現在価値と投資コストの差のことです。NPVがプラスであれば，当該プロジェクトは実行可能と判断されます（「実行可能」の意味については以下で解説）。このふるい分けを経て残ったプロジェクトの中で，NPVが最大の投資プロジェクトから実行に移します。

投資の純現在価値がプラスであることの意味とは，ひとつは調達した資金が回収可能ということです。負債であれば元利払いができます。自己資本の場合は，株主資産を減らさず配当金も支払える状態です。もうひとつはその裏返しですが，純現在価値のプラス分だけ企業価値が増大していることも意味します。企業目的に貢献するわけです。

設備投資の場合，必ず実行当初にマイナスのキャッシュ・フローを生じさせます。バランスシートの借方に追加される資産の購入です。この資産を有効活用して，将来の多期間にわたってキャッシュ・フローを発生させます。キャッシュ・フローは本質において不安定で，マイナスもあり得ます。ただし，簡単化のためですが各期のキャッシュ・フローは不安定ではあっても正確に予想できるものと仮定します。

正味現在価値（NPV）は，その投資案件から見込まれる将来キャッシュ・フローの現在価値の和から初期投資額を差し引いた金額で表されます。(14-1)式では，資金調達がすべて負債（借入）で行われる場合，より正確には信用リスクがゼロのケースを想定しています。そのため，資本コストに当たる割引率に安全資産利回り（r）を使っています。

$$NPV = -I + \frac{C_1}{1+r} + \frac{C_2}{(1+r)^2} + \frac{C_3}{(1+r)^3} + \cdots + \frac{C_T}{(1+r)^T} = -I + \sum_{t=1}^{T} \frac{C_t}{(1+r)^t} \quad (14-1)$$

第一ハードルとして，NPVは少なくともプラスである必要があります。プラスならば当該投資案件は実行可能とされます。では，なぜ実行可能と言えるのでしょうか。たとえば第3期キャッシュ・フローを現在価値（p_3）として取りだすと，

$$p_3 = \frac{C_3}{(1+r)^3} \qquad (14-1\text{a})$$

将来価値 C_3 を利回り r によって 3 期間，複利で割引いて求めています。この式は，現在価値から将来価値を求める（14−1b）式へと変換できます。

$$p_3 (1+r)^3 = C_3 \qquad (14-1\text{b})$$

この式は p_3 円を金利 r で 3 期（複利で）借りれば，返済額が C_3 円になることを示しています。見方を変えれば，第 3 期に獲得するキャッシュ・フローによって現在の借入金 p_3 円の元利払いができるわけです。このことは，p_3 円を越えては返済できないが，p_3 円以下であれば返済可能であることを意味します。

　そこで第 1 期〜第 T 期までのキャッシュ・フロー現在価値をトータルします。その金額が初期投資額 I（つまり総借入額）を上回っていれば，換言すると投資の NPV がプラスならば，負債で調達した資金は最終的に返済可能になります。ゆえに返済に十分なキャッシュ・フローをもたらす当該投資プロジェクトは，実行可能と判定されます。もちろんキャッシュ・フローがマイナスになる期の短期借入など現実的に凸凹した部分もあり得ますが，トータルで十分なキャッシュ・フローなら帳尻がどこかで合わされるので第一審査はパスできます。

　ここで**例題**です。以下の数値が与えられているとき，この投資プロジェクトが実行可能か否か判定します。

　投資額（I）；1,000 万円，期間（T）；2，第 1 期のキャッシュ・フロー（C_1）；520 万円，第 2 期のキャッシュ・フロー（C_2）；550 万円，利子率（r）；5 ％（一定）。

　資金調達はすべて負債で行い，キャッシュ・フローに不確実性はないと仮定します。では（14−1）式にそのまま当てはめましょう。

$$NPV = -1000 + \frac{520}{1+0.05} + \frac{550}{(1+0.05)^2} \fallingdotseq -1000 + 495.24 + 498.87 = -5.89 < 0$$

よって投資は不採用になります。続けて演習問題14−3を解答してください。

┌─【演習問題14－3】──────────────
│　　上の例題で他を一定とし，利子率のみ4.5％に低下したとすれば，この
│　プロジェクトは実行可能か判定しよう。
└────────────────────────────

内部収益率法

　　上の演習問題を解答した人は，同じ投資プロジェクトでも実行可能・不能が，
金利水準に影響されるということに気付いたのではないでしょうか。つまり同
じキャッシュ・フローをもたらす投資プロジェクトでも，割引率としての金利
がそれ以下なら採用され，以上なら不採用となるような分岐点が存在すること
です。採用されるとはNPVがプラス，不採用とはNPVがマイナスということ
ですが，分岐水準でNPVはちょうどゼロになります。

　　正味現在価値をゼロにするような割引率のことを**内部収益率**（IRR; Internal
Rate of Return）と呼んでいます。すなわち，

$$NPV = -1 + \sum_{t=1}^{T} \frac{C_t}{(1+IRR)^t} = 0 \qquad (14-2)$$

となるキャッシュ・フローの割引率が内部収益率IRRです。これを図示したも
のが**図14－1**になります。

　　内部収益率法では，内部収益率IRRが資本コストである利子率を上回るなら
その投資案件は採用するけれど，IRRが利子率を下回るなら棄却すると判定し
ます。（14－2）式から内部収益率はキャッシュ・フローがトータルで大きい
ほど高まると理解できます。同じ資本コストでもIRRが高ければその投資は採
用され，同じIRRでも資本コストが高いと投資が棄却されます。つまりキャッ
シュ・フローと資本コストとの相対的な関係がここでは問題なのです。

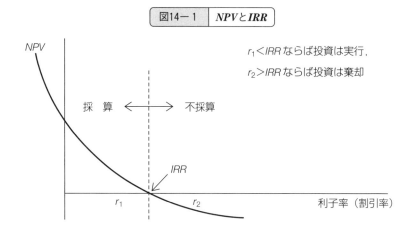

図14－1　*NPVとIRR*

r_1<*IRR* ならば投資は実行，
r_2>*IRR* ならば投資は棄却

NPV

採　算　⟵　⟶　不採算

IRR

r_1　　r_2

利子率（割引率）

NPV法とIRR法；応用と発展

　以上，投資プロジェクトの採用・不採用の最低基準についてお話しましたが，基準を満たした複数案件からの絞りこみについて考えます。NPV法では正味現在価値が大きいほど企業価値増大に貢献するのですから，投資はNPVの大きい順に採択されます。同様にIRR法では，内部収益率の大きいプロジェクトから実行に移されます。結局NPV法もIRR法も，キャッシュ・フローが大きい順に投資が選ばれるという点でつながりがあることに気づくでしょう。

　ここまでキャッシュ・フローが正確に予測できる（ブレなし・無リスク）と仮定しましたが，リスクを伴う場合には各期におけるキャッシュ・フローの期待値と入れ替えれば，現在価値の分子は対応できます。注意すべきは，分母の割引率に何を採用するかです。リスクがあれば安全金利にプレミアムが上乗せされるのは当然ですが，ここでリスクとは資金提供側にとってのリスクを指します。企業が何によって調達しているかでそれは異なるわけです。

　負債資本のみの場合，BBB格以上であれば安全金利と考えて大過ありません。自己資本のみなら株主リスクは事業リスクと等しいので，事業リスクと同じリスクの有価証券リターンと考えられます。

　負債と自己資本の両方で資金調達する場合には，上で述べたWACC（加重平

均資本コスト）を用います。このとき負債コストは安全利回りですが，自己資本コストは事業リスクに（債権者のリスクを肩代わりした分の）財務リスクが加わるので，自己資本のみの場合よりも高いリターンが要求されます。企業が受け入れるべき資本コストは，WACCの定義通り，負債と自己資本の調達割合でそれぞれの割引率を加重平均した値になります。

　それぞれの場合でプレミアムは異なってきますが，安全金利にリスクプレミアムを上乗せした資本コストを，投資が乗り越えるべき収益率という意味でハードルレート（hurdle rate）と言います。

---【演習問題14－4】-----------------------

　以下の文章の空欄を埋めよう。同じ記号には同じ言葉が入ります。

　内部収益率とは， A をゼロにするような B のことを言う。

　リスクを考慮しなければ，内部収益率が C よりも高いということは A が正であることを意味し，その投資案件は D と判定される。

　 E がリスクを伴う場合は， A を示す式の分子には E の F を入れる。そしてリスクを考慮し， C と G の和によって現在価値に変換する。この C と G の和を投資が乗り越えるべき収益率という意味で H と言う。

第15週　資本構成について考えよう

1. はじめに

　ここまで企業（とくに株式会社）の一義的な目的が，企業価値（株式時価総額）の最大化であること，企業価値はキャッシュ・フローによって決まり，キャッシュ・フローは投資の結果であることを学んできました。今週皆さんと一緒に考えたいことは，その投資のための資金を何によって調達すればよいのか，という課題です。

　企業の資金調達手段は，単純化するならば，負債（負債資本）と自己資本の2種類に集約することができます。今週のタイトルにある資本構成とは，企業がある一時点までに行ってきた資金調達の内容として，負債資本と自己資本がどのような割合で組み合わされているかということです。そこに最適な資本構成は存在するのかという課題があります。具体的に言うなら，負債と自己資本のブレンド具合が企業価値にいかなる影響を及ぼすのか，仮に企業価値を最大化するような最適と言える資本構成が存在するならどのような構成なのか，といったことを一緒に考えていきたいと思います。

　2節では資本構成の違いが，まず資金を運用する側の債権者や株主にとって，リターンやリスクにどのような影響をもたらすかについて考察します。3節では，最適資本構成を考える上でスタート地点となるMM無関連命題を導出します。MM命題は非常に単純化されたモデルであり，現実に近づけていく作業をしなければなりません。4節では，最適資本構成の実際的な諸問題について考えます。

2. 債権者と株主から見た資本構成

自己資本比率と負債比率

　資本構成の問題を考えるときに多用されるのが**自己資本比率**です。経営安定性の代表的指標であり，銀行規制の中心軸になっているリスクアセット・レシオも自己資本比率の一種です。自己資本比率は基本的に，総資本（負債＋自己資本）に対する自己資本の比率（％）として求められます。たいへん重要な指標ですが，以下の議論にはあまり登場しません。

　とくに最適資本構成についての考察において，自己資本比率を差し置いて頻繁に登場する指標が**負債比率**もしくは**レバレッジ率**です。レバレッジとは梃子（てこ）を意味する言葉です。少ない力で重たいモノを持ち上げられるその機能から，自己資金（自己資本）に負債を加えて利用することで，より多くの実物・金融投資を可能にすることの喩えとして「レバレッジを利用する」などの使用例があります。負債比率（レバレッジ率）は，自己資本（自己資金）に対する負債の比率（％）として算出します。

　自己資本比率は，分母に自己資本と負債の両方が含まれるので100％を超えることはないですが，負債比率の分母は自己資本だけなので10倍（1,000％）あるいは100倍（10,000％）ということもあります。一般に負債比率が高くなるほど，投資はハイリスク・ハイリターンとなります。外貨売買による為替差益の獲得を目指すFX（外国為替証拠金取引）は，投資家保護の目的もあってレバレッジ率が25倍以下に規制されています。企業の場合も，負債比率が高すぎると返済義務を持った資金の割合が高まり経営が不安定化することから，財務的な評価はネガティブになりがちです。しかし，自己資本を超えたより多くの投資によって収益機会を拡大するというポジティブな面もあります。

　負債のプラス面とマイナス面の兼ね合いをどう捉えるかも，望ましい資本構成を考える上で重要なポイントとなります。

債権者と株主の相違点

　資本構成を考える上で，負債と自己資本という資金的な性質の違いに加え，資金の出し手である債権者と株主の質的な違いも，調達する側の企業にとっては無視できないファクターとなります。

　債権者を一般的にみると，企業活動の成果にかかわらず，期間終了（満期）とともに債権を償還する契約で資金を提供しています。その最大の関心は，元金返済と利払いが確実かどうかです。それ以上を要求することはありませんが，借り手企業には間違いなく返済する義務があります。

　あまり深入りしませんが，本当は債権者をさらに社債投資家と銀行とに分けてみる必要があります。社債の保有者が経営に口出しすることはまずありませんが，銀行（とくに最大の貸し手であるメインバンク）は場合によっては経営に介入することがあります。銀行の場合，もともとの資金の出し手は預金者ですね。銀行は，預金者に対しては債務者の立場でした。だから融資資金を回収するインセンティブは社債投資家よりも大きいと見なすことができるわけです。企業にとっては銀行金利と社債利回りの比較と併せて，資金選択上，考慮すべきポイントとなります。

　株主は企業活動が優れた成果を上げれば配当や株価上昇で高収益を得ますが，芳しくない成果ならばわずかな収益であったり損失を被ったりします。したがって，可能な限り優れた経営成果が上がってくるように企業活動に深く関与する権利が与えられています。そして経営者には，株主に対して経営成果に関する説明責任があります。納得が得られなければ解任決議されるリスクが経営者にはあります。銀行は融資先企業に経営介入することはありますが，経営者を解任する力は，銀行自身が大株主でない限りありません。

レバレッジ率と株主のリターン・リスク

　企業経営者にとって株主に喜ばれるような経営成果を上げることが，やはり重要であることは，間違いありません。後述のように第13週で勉強した各種の投資指標は，経営者が資本構成を考える上でも大切になってきます。

表15－1　債権者と株主の分配金（ケース①）

将来の状況	状況の確率	事業利益	債権者の分配	株主の分配
状況A	50%	130 (30%)	55 (10%)	75 (50%)
状況B	30%	105 (5%)	55 (10%)	50 (0%)
状況C	20%	80 (-20%)	55 (10%)	25 (-50%)
リターン	――	12.5%	10.0%	15.0%
標準偏差	――	約19.53%	0.0%	約39.05%

（注）株主の収益率は回収すべき投資額も含める。

　まず負債を利用することが株主にどのような影響を与えるのか考えます。

　表15－1として，表13－1（第13週）と同じ数値例を挙げておきます。100万円の資金を50万円ずつ負債と自己資本で調達した場合でした。政府部門（法人税の存在）や特別損益は考えていません。事業利益のリターン12.5％・リスク（標準偏差）約19.53％に対し，株主は相対的にハイリスク（約39.05％）・ハイリターン（15％）です。債権者はリスク0％・リターン（利回り）10％です。今回，これをケース①とします。

　負債をまったく利用しない場合（総資本100万円＝自己資本100万円），債権者への分配はなくなりますので，株主のリターンとリスクは事業利益と同じ（リターン12.5％，リスク約19.53％）になります。これをケース②とします。

　次にケース③として，負債は利用するがケース①よりもレバレッジ率が低い場合（負債20万円，自己資本80万円，レバレッジ率25％）を考えます（表15－2）。債権者のリターンとリスクはケース①と同じです。しかし，株主のリターンとリ

表15－2　低レバレッジ率の分配金（ケース③）

将来の状況	各状況の確率	事業利益	債権者の分配	株主の分配
状況A	50%	130 (30%)	22 (10%)	108 (35%)
状況B	30%	105 (5%)	22 (10%)	83 (3.75%)
状況C	20%	80 (-20%)	22 (10%)	58 (-27.5%)
リターン	――	12.5%	10.0%	13.125%
標準偏差	――	約19.53%	0.0%	約24.40%

表15－3　高レバレッジ率の分配金（ケース④）

将来の状況	各状況の確率	事業利益	債権者の分配	株主の分配
状況A	50%	130（30%）	88（10%）	42（110%）
状況B	30%	105（ 5%）	88（10%）	17（-15%）
状況C	20%	80（-20%）	80（ 0%）	0（-100%）
リターン	---	12.5%	8.0%	30.5%
標準偏差	---	約19.53%	4.0%	約63.98%

＊債権者が無リスクでなくなっている点にも注目。

スクはケース①（レバレッジ率100％）とケース②（レバレッジ率0％）の中間の値となっています。

　最後に，レバレッジ率が一番高いケース④（負債80万円，自己資本20万円，レバレッジ率400％もしくは4倍）を挙げておきます（表15－3）。4つのなかで株主のリターン（30.5％）もリスク（約63.98％）ももっとも高くなっています。

　以上からわかるように，レバレッジ率（負債比率）を上昇させるほど，株主の収益はハイリスク・ハイリターンになっていきます。この点は，また後で投資指標を使った分析でも確認しましょう。

　ケース④でもうひとつ注目すべき点は，ケース①から③まで10％だった債権者のリターン（期待利回り）が8.0％に低下し，それに伴ってリスク（標準偏差）が4.0％と，もはやリスク・フリーではなくなっている事実です。負債比率を高めすぎると債権者をもリスクにさらし，それは企業にとっても倒産のリスクを高めることになるのです。

　もうひとつケース④で重要なことですが，事業利益が債権者に約定した元利償還金を下回ってしまった場合，株主には損失が転嫁されていません。損失を被っているのは債権者です。仮に損失転嫁されていれば，株主の分配はマイナスつまり負債の肩代わりをしなければいけなくなります（無限責任と言います）。しかし株主には**有限責任の原則**があるため，最大損失は投資資金を全額失うことまでとなっています。その意味で株主のリスクは「限定的」なのです。

ROEとレバレッジ効果

　以上，ケース①から④まで，数値例によって，レバレッジ率を高めるほど株主の収益がハイリスク・ハイリターンになる事実を確認しました。しかしあくまで数値例なので，より一般化した議論として，各種の投資指標（→第13週）とレバレッジ率との関係について数式を使って定式化をしましょう。

　使用する記号は，

$$S：自己資本額,\ B：負債資本額,\ V：企業価値\ (=S+B)$$

$$X：事業利益,\ \pi=\frac{X}{V}：総資本事業利益率\ (=ROA)$$

$$ROE：自己資本利益率,\ r：利子率 （安全利回り）$$

とします。

　議論を簡単にするため，これまでと同様，特別損益および法人税率はゼロと仮定します。そうすると経常利益イコール当期純利益とみなせます。さらに想定される株主は，全員リスク中立的とします。中立的とは，リスクの大小にかかわらずリターンが大きい投資先を選択するタイプでした（→第5週）。この仮定を置くと，リスクがないのと同じ想定で分析が進められます。

　まずはROE（自己資本利益率）との関係です。自己資本S（分母）に対してどれだけの純利益（分子）が生み出されているかを測る指標ですが，分子は経常利益（事業利益X－負債利子rB）が使えます。したがって，

$$ROE=\frac{X-rB}{S}$$

事業利益Xについて，総資本事業利益率ROAが$\pi=X/V$だったので$X=\pi V$，さらに定義（$V=S+B$）より，

$$ROE=\frac{\pi V-rB}{S}=\frac{\pi S+\pi B-rB}{S}=\frac{\pi S+(\pi-r)B}{S}=\pi+(\pi-r)\frac{B}{S}$$

となります。意味が明確になるよう書き直すと，

$$ROE = \pi + (\pi - r)\frac{B}{S} = ROA + (ROA - r) \times \text{レバレッジ率} \qquad (15-1)$$

（15−1）式を見ると，レバレッジ率に比例して自己資本利益率は高くなるように思われます。ただしカッコ内において，総資本事業利益率ROAが利子率rを上回っていることが前提です。まともな経営をしている企業なら「$ROA>r$」でしょうから，自己資本に対して負債を増やした方が収益機会も伸びて，株主にとって望ましい高ROEが実現できるとの主張も妥当な場合は多いでしょう。でもちゃんとした経営ができていなかったり，金利が低下（金融緩和）する以前に景気後退が進んだりして「$ROA<r$」となれば結論は反対です。自己資本に対して負債が多いほど低ROEになるのです。

　株主がリスク中立的，倒産リスクを考えていないことにも注意が必要です。負債利用が収益機会を広げる一方で，行き過ぎた利用には危うさが内包されていることは個人にも企業にも共通している面があります。

EPSとレバレッジ率の関係

　ここまでの議論では，事業利益Xの水準は問題にしていませんでした。しかしながら，上でみた通りROA（総資本に対する事業利益の比率）が負債利用の成否を分けていることを考えると，事業利益あるいはキャッシュ・フロー水準に注目すべきことが理解できるはずです。

　そこで次に検証するのは，１株当たり純利益と負債利用との関係です。上で定義した各記号はそのまま使って，以下を加えます。

　　　EPS：１株当たり純利益
　　　N：発行済み株式数（ただし負債なし（$B=0$）ならば$N_0 (\geq N)$）

負債なしの場合，全資本を株発行で調達することになるので，発行価格を一定とするなら発行株数はマックスになるわけです。定義より，

$$EPS = \frac{X - rB}{N} \qquad (15-2)$$

図15−1　EPSと負債利用との関係

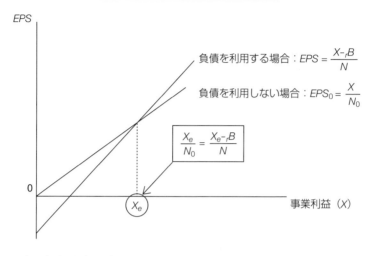

負債を利用する場合：$EPS = \dfrac{X-_{r}B}{N}$

負債を利用しない場合：$EPS_0 = \dfrac{X}{N_0}$

$\dfrac{X_e}{N_0} = \dfrac{X_e-_{r}B}{N}$

事業利益 (X)

X_e

（出所）仁科（1997），p.186を改変。

ですが，負債（レバレッジ）を利用しない（$B=0$）なら，

$$EPS_0 = \frac{X}{N_0} \tag{15-3}$$

となります。さて，負債を利用する（15−2）と利用しない（15−3）とでどちらが一株当たり利益EPSを高めることができるでしょうか。両式を観比べると，他を一定として事業利益Xの水準が結論に影響を及ぼすことが予想されます。

　図15−1は，事業利益と一株当たり純利益の関係を示しています。負債水準および利子率を所与として，（15−3）は（15−2）に比べ分母が大きくなるため傾きが緩やかです。また（15−3）は負債がないため事業利益がゼロならEPSもゼロですが，（15−2）は事業利益がゼロのときはマイナスになっています。もちろん有限責任制のおかげで現実にはゼロが最小値ですが，プラスになるには一定以上の事業利益が必要とされます。

　しかしながら，負債を利用する（15−2）は自己資本だけの（15−3）より

早く1株当たり純利益を高められるので，ある水準を境に（15－3）を上回ることになります。この分岐点となる事業利益X_eを求めると，

$$\frac{X_e - rB}{N} = \frac{N_e}{N_0} \quad \text{より,} \quad X_e = \frac{N_0}{N_0 - N} rB$$

といった値が導かれます。$N_0/(N_0-N)=(S+B)/B$でもあるので，

$$X_e = \frac{S+B}{B} rB = (S+B) r = rV \qquad (15-4)$$

すなわち，事業利益が全資本を負債で調達したときの利払い費よりも高い水準なら，レバレッジを利用した方が1株当たり純利益は高くなるし，その水準に届かないなら自己資本ですべての投資をまかなった方が株主にとっては都合がよいと言えるわけです。

　事業利益の源泉は，投資の結果得られるキャッシュ・フローに他なりません。結局，同じ資本を投じても，効率の良い投資ができる企業は負債も動員した方が株主にとって良い結果をもたらし，そうでなければ負債は株主の利益を引下げる結果に終わるわけです。ただしここでも株主はリスク中立，かつ倒産リスクも考慮されていない点は注意しておく必要があるでしょう。

―【演習問題15－1】―――――――――――――――――――――
　企業の投資資金調達において，レバレッジを利用する上で留意しなければならないことについて，200から250字で論述してください。

3．MM無関連命題について

モデルの設定

　ROAあるいは事業利益が一定水準以上であるならば，レバレッジ率（負債比率）を高めた方が，もしくは負債を利用した方が，株主の収益性が高まることを前節で説明しました。ROAも事業利益も，投資の結果生み出されるキャッ

シュ・フローにより決まります。本節では、キャッシュ・フローの影響を取り除いて、純粋に負債比率の違いだけが、企業価値に何らかの影響を与えるのかどうかについて考えていきます。

　純粋に資本構成の違いだけを問題にしたいので、キャッシュ・フローが同一の（つまり投資の内容がまったく同じ）2つの企業を仮定します。ひとつは前節ケース②に使ったレバレッジ率0％（総資本100万円＝自己資本100万円）の企業を使います。以下、企業Uとしておきましょう。もうひとつは前節ケース①に使ったレバレッジ率100％（総資本100万円＝自己資本50万円＋負債資本50万円）の企業を使います。こちらは企業Lとします。

　ここで追加の想定として、ケース②に該当する企業Uは株価が値上がりしており、時価総額は発行時の100万円から時価105万円に増大しているとします。一方で、ケース②の企業Lの株は値下がりして、発行時の時価総額50万円から45万円に下落していたとしましょう。

　そしてここに一人の、非常に合理的な思考のできる、投資家Aさんに登場してもらいます。仮定としてAさんはリスク中立的であるとします。この仮定もとりあえずリスクが度外視できるので、議論が簡単に進められるゆえのものです（それ以上の意味はありません）。

　モデル設定の最後に、投資家Aさんは企業Uの株式の10％を保有していたとします。U社の自己資本100万円の10％なので10万円です。

　ここでひとつ重要なことを述べておきます。企業Uの株式は値上がりして時価総額は105万円になっていますが、それによって自己資本100万円で購入（投資）した諸資産の価値がにわかに変わることはないし、それら諸資産が将来生みだすと期待されるキャッシュ・フローも決して変化しません。したがって、Aさんが受取る将来収益も一定のままです。

　負債比率0％である企業Uの株主収益は、同社の事業利益とまったく同じなので、リターンは100万円の12.5％、125,000円です。持ち株比率10％のAさんの期待収益は、その1割である<u>12,500円</u>ということになります。

裁定取引，裁定利益，裁定均衡

　以上の設定のもと，合理的な思考力を備えた投資家Ａさんは，値上がりした保有Ｕ社株を全部（105,000円分）売ってしまいます。そしてどうするかというと，値下がりしている企業Ｌの株式の10％（45,000円分），および社債の10％（50,000円）を買付けます（社債も購入しているところがポイントです）。買付けに使った金額は95,000円ですから，手元には（105,000 － 95,000 ＝）10,000円が残ります。

　ここでも上と同じ重要なことを述べます。Ｌ社株は値下がりしていますが，これまでに総資本100万円で投資してきた資産が生み出すキャッシュ・フローは影響を受けません。Ｌ社に乗り換えたＡさんが同社株から受取るのは，自己資本50万円の15％リターン（75,000円）の10％（7,500円），負債資本50万円の10％利息（50,000円）の10％（5,000円），合計12,500円になります。そう，Ｕ社株をそのまま保有していた場合と同じなのです。

　Ａさんが受取る期待収益は同じ12,500円ですが，同じキャッシュ・フローに対して割高になっているＵ社株を売って，Ｌ社の割安になった株式と社債を買ったおかげで，10,000円を手に入れることができました。割高なモノを売って割安なモノを手に入れる行為を**裁定取引**と言いました（→第5週）。その結果Ａさんが手に入れた10,000円が**裁定利益**です。

　Ａさんのような合理的思考をする投資家は1人ではないでしょう。その他何人もの投資家による裁定取引の結果，売られたＵ社株は値下がりし，買われたＬ社株は値上がりしていきます。どこまで裁定取引がつづくかと言えば，裁定の目的である裁定利益が手に入らなくなるとき，Ｕ社とＬ社の企業価値に差がなくなるときまでです。すなわち，

　　Ｕ社株の時価総額 ＝ Ｌ社株の時価総額 ＋ Ｌ社債の時価総額　　　（15 － 5）

　これが裁定取引の結果訪れる均衡，すなわち**裁定均衡**でした（→ 第5週）。

モジリアーニ＝ミラー（MM）の無関連命題

　合理的な投資家たちによる裁定取引の結果導かれた裁定均衡ですが，その意味を考えましょう。(15－5) 式の左辺は，負債比率０％であるU社の企業価値です。同じく右辺は，負債比率100％であるL社の企業価値です。負債比率をいかよう（例えばケース③やケース④）に変えても結果が同じになることは，簡単に確かめられます。

　すなわち，キャッシュ・フローが同一の２つの企業は，資本構成（負債比率）がどのように違っていても企業価値に違いはなくなると結論できます。つまり企業価値は，資本構成とは無関連なのです。これがコーポレート・ファイナンスの世界で誰もが知る**MM（資本構成）無関連命題**です。MMとは，同命題を共同論文の形で1958年に発表した２人の経済学者，フランコ・モジリアーニとマートン・ハワード・ミラーの頭文字にちなんで付けられたモノです。

　最初からすべて自覚されていたわけではありませんが，この命題が成立するためにはいくつもの前提もしくは仮定が必要です。

　第一は，２つの企業は投資してきた内容が同じで，期待されるキャッシュ・フローに違いがないということです。MMの功績と言えるのは，企業価値を決めるのは資本構成よりもキャッシュ・フローがより本質的であると明らかにしたことです。

　第二は，後にMM自ら修正に動いた部分，すなわち法人税がない（税率ゼロ）と仮定していた点です。ただこの仮定も，上で述べた本質を明らかにするには必要な仮定だったと言えます。

　第三は，必ずしもMMが自覚的だったとは思われない，レバレッジ率を高め過ぎた場合の倒産リスクです（例えばケース④）。倒産リスクについてはMMにつづく経済学者たちによって定式化され，法人税を考慮した修正MM命題と組み合わされトレード・オフ・モデルに結実します（→次節）。

　MM命題が前提としている現実的ではない仮定は他にもありますが，それらについては次節でまとめて述べましょう。

4．MM以降のコーポレート・ファイナンス

負債の節税効果について

　MM無関連命題の仮定のひとつに，法人税がないことが挙げられます。これ
はかなり非現実的な世界であることは確かです。

　では仮にプラスの法人税率を前提とすれば，MM命題はどのように変化する
のでしょうか。税率20％として，上で用いたケース①および②の数値例に修
正を入れてみましょう。

　他を一定として，レバレッジ率100％のケース①（企業L）に税率20％の法
人税がかかってくるものとします（表15－4）。ここでは債権者と株主を合わせ
た総受取額に注目するため，各状況の金額と期待値（万円）のみ記しています。

　同様にレバレッジ率0％のケース②（企業U）で法人税率20％が課されたと
きの結果を**表15－5**に記します。企業L（表15－4）に比べて，企業U（表
15－5）の総受取額は減少していることに気づくでしょう。これはすべての資
本が法人税の影響を受ける自己資本によって調達されているからです。MM無
関連命題を導出したときと同様にして，どうしたら合理的に裁定利益が手に入
れられるか考えましょう。

　企業Uの時価総額は発行時の100万円で不変，企業Lの株式も時価総額が50
万円で社債総額も50万円のままだったとします。前出の投資家Aさんは，企
業Uの株式の10％（10万円）を保有していたとします。Aさんの受取りは，**表**

表15－4　**企業Lの分配金（ケース①'）**

単位：万円，カッコ内は各収益率

将来状況	生起確率	事業利益	債権者分	税引き前利益	法人税	株主分	総受取
状況A	50%	130	55	75	15	60	115
状況B	30%	105	55	50	10	40	95
状況C	20%	80	55	25	5	20	75
期待値	——	112.5	55	57.5	11.5	46	101

表15－5　企業Uの分配金（ケース②'）

単位：万円，カッコ内は各収益率

将来状況	生起確率	事業利益	税引き前利益	法人税	株主分	総受取
状況A	50%	130	130	26	104	104
状況B	30%	105	105	21	84	84
状況C	20%	80	80	16	64	64
期待値	――	112.5	112.5	22.5	90	90

15－5のとおり投資金額10万円の90％（90,000円）です。これと同じ期待収益ならば，企業L株式の10％（5万円）による46,000円，同社債の8％（4万円）による44,000円を合わせれば複製できます。

　合理的なAさんはU社株10万円を売却し，そのうちの9万円で企業Lの株式の10％と社債の8％を購入して，裁定利益である1万円を手に入れることができます。

　Aさんと同様に合理的な投資家たちによる裁定取引によって，U社株は値下がりし，L社株は値上がりします。そして最終的には次式で示される裁定均衡に至ります。

U社株の時価総額 ＝ L社株の時価総額 ＋ 0.8 × L社債の時価総額　（15－6）

すべてを自己資本で調達している企業Uの企業価値は，（15－6）式によって表されます。これに対して，

L社株の企業価値 ＝ L社株の時価総額 ＋ L社債の時価総額　　（15－7）

（15－6）と（15－7）を比べると，L社の企業価値はU社の企業価値よりも社債の時価総額（企業Lの負債額）の20％分だけ高くなっていることがわかります。この20％が法人税率であることは，他の税率を当てはめれば確認できます。税率τ，U社の株式時価総額S_U，L社の株式時価総額S_L，L社の社債時価総額B_Lとすると，以下の通り定式化されます。

$$S_U = S_L + (1-\tau) B_L, \quad S_L + B_L = S_U + \tau B_L \qquad (15-8)$$

有負債L社の企業価値が無負債U社の企業価値よりも高くなるのは，負債の節税効果によるものです。(15-8)式は，税率を一定とすれば，負債をより多く利用している企業ほど節税効果によって企業価値が高まることを示しています。

倒産コストとトレード・オフ・モデル

　MM無関連命題で法人税と共に度外視されていた現実的課題のひとつが，負債比率の増加による倒産リスクの高まりです。上記したケース④のように，総資本に占める負債の利用割合を上げるほど債務不履行により企業が倒産に陥る可能性は高くなります。

　倒産には，直接間接にさまざまなコストが伴います。

　倒産手続きのために裁判所や弁護士に支払う費用のことを，直接的倒産コストと言います。倒産によるイメージダウンで落込んだ売上げや金融機関からの借入れ費用の増大，原材料・中間財の仕入れ困難化に伴う費用増は，間接的倒産コストと呼ばれます。負債を利用する企業では，期待倒産コスト（倒産確率×倒産コスト）分だけキャッシュ・フローが減少し，企業価値が低下します。

　図15-2に示したトレード・オフ・モデルは，前項で述べた負債利用の節税効果と期待倒産コストの考え方を融合させた最適資本構成の理論です。

　負債比率が比較的低いフェーズでは，負債比率の上昇につれて節税効果により企業価値はどんどん増大していきます。しかし，負債比率が高くなるにつれ倒産確率は加速度的に上昇，期待倒産コストの高まりによって企業価値の上昇幅は縮小していきます。

　さらに負債比率を高めると，期待倒産コストのマイナス効果が節税効果のプラス効果を上回って企業価値は減少に転じます。この企業価値が上昇から減少に移る転換点に当たる負債比率が，「企業価値を最大化」する「最適な資本構成」になります。

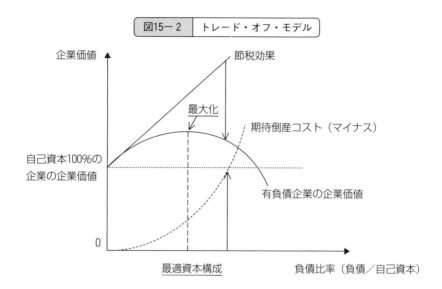

図15－2　トレード・オフ・モデル

その他，資本構成に関わる諸論

　ここから先は，皆さんが後年次に専門科目で企業財務を学ぶ中で勉強することになります。どのような話があるか，少しだけ触れておきましょう。

　MM無関連命題で考慮されなかった事柄の中には，トレード・オフ・モデルで定式化された負債の節税効果と期待倒産コスト以外にも，重要ファクターがいくつかあります。

　ひとつは取引コストです。有価証券の委託売買手数料や利子配当課税，譲渡益（キャピタル・ゲイン）課税などです。これら費用はキャッシュ・フローの引き下げ要因になったり，スムーズな裁定取引の妨げになったりします。

　もうひとつは**情報の非対称性**です。投資家のだれもがキャッシュ・フローに関する情報を等しく入手できていることが，正しく企業価値を反映した裁定均衡の前提です。しかし実際は，必要な情報をプロの投資家は保有していても一般の投資家は持っていなかったり，企業側が財務情報を正しく開示（ディスクローズ）していなかったりと，情報が偏在する状況（情報の非対称性）が生じます。こうした情報の非対称性の最適資本構成に対する影響も，1980年代から議論

されるようになりました。

　また2節で述べたように，資金を調達する相手である株主，債権者の性質・コストの違いから内部留保も含め調達資金に順位付けをする**ペッキング・オーダー理論**や，長期と短期の負債についてどのような**期間構成**（長短比率など）が望ましいかなどについても，さまざまな角度から議論が行われています。

───【演習問題15－2】───

　トレード・オフ・モデルについて，以下の各用語を文章に必ず含めて，250から300字で説明してください。

> MM無関連命題，最適資本構成，キャッシュ・フロー，
> 節税効果，負債比率，企業価値，期待倒産コスト

発展学習　ポートフォリオとCAPM

1．はじめに

　個人生活でファイナンスに必要な知識は第10週までにひととおり勉強したことになりますが，ファイナンスのプロを目指す人はさらに専門的知識が必要です。この発展学習では，専門課程で勉強することへの橋渡しとして，ポートフォリオについてのより一般化した内容と，その発展形であるCAPMについて解説します。

2．銘柄分散効果の一般化

2銘柄分散のリターン，共分散と相関係数

　第6週では，2つの株式銘柄に5割ずつ分散投資した場合のリターンとリスクについて，数値例を使って解説しました。以下では，一般化するため，数式だけでポートフォリオについて説明をします。

　X株とY株の2つの銘柄を想定するのは同じですが，X株の保有割合はw，Y株の保有割合は$1-w$とします（$0<w<1$）。こうするとどのような保有割合でも対応できます。X株のリターンをR_X，Y株のリターンをR_Yとして，2銘柄分散したときのポートフォリオ・リターンをR_{XY}とすると，

$$R_{XY} = w_X R_X + (1-w_X) R_Y \qquad (A-1)$$

　次に，ポートフォリオ・リスク（標準偏差）を一般式で表したいのですが，リターンと違いリスクは単なる加重平均ではありませんでした。鍵を握る共分

散は，起こりえる状況ごとの生起確率と各銘柄の偏差（収益率−リターン）の積を，すべての状況について合計した値でした。いま３つの状況（A，B，C）があるものとして，記号を各状況の生起確率（p_A, p_B, p_C），X株の収益率（X_A, X_B, X_C），Y株の収益率（Y_A, Y_B, Y_C）とすれば共分散（$Cov(X, Y)$）は，

$$Cov(X, Y) = p_A(X_A - R_X)(Y_A - R_Y) + p_B(X_B - R_X)(Y_B - R_Y) \\ + p_C(X_C - R_X)(Y_C - R_Y) \qquad (A-2)$$

です。単一銘柄に投資する場合のリスクとは違い，２乗はしません。その代わり，２銘柄の偏差を掛け合わせます。輸出銘柄と輸入銘柄のように，円高や円安という状況下で片方の偏差がプラスでもう片方がマイナスなら，符号はマイナスになります。共分散はマイナスになって構いません。それが損益を打ち消し合う効果を示すことになります。

　X株とY株の相関係数（ρ_{XY}）は，共分散を各銘柄の標準偏差の積で割って求めます。記号はギリシャ文字のロー（ρ）です。

$$\rho_{XY} = \frac{Cov(X, Y)}{\sigma_X \sigma_Y} \qquad (A-3)$$

言葉で表現するなら，リスクそのものである標準偏差の積に対するリスクの打ち消し合いの効果である共分散の割合と言えます。相関係数は，−1以上1以下の値を取ることが知られています。1が完全相関，−1が負の完全相関で，ゼロが無相関です。0.7ないし0.8以上が強い正の相関で，−0.7ないし−0.8以下が強い負の相関とみなされます。

【参考】分散と共分散の簡易な公式

　上で述べた分散や共分散は計算プロセスが面倒で，ミスを起こしやすいことも気がかりです。そこでもっと簡単な公式が分散および共分散にはあるので，紹介しておきます。

　まず分散は元の定義式を展開して，

$$\sigma_X^2 = p_A(X_A - R_X)^2 + p_B(X_B - R_X)^2 + p_C(X_C - R_X)^2$$
$$= p_A(X_A^2 - 2X_A R_X + R_X^2) + p_B(X_B^2 - 2X_B R_X + R_X^2) + p_C(X_C^2 - 2X_C R_X + R_X^2)$$
$$= (p_A X_A^2 + p_B X_B^2 + p_C X_C^2) - 2R_X(p_A X_A + p_B X_B + p_C X_C) + R_X^2(p_A + p_B + p_C)$$

最終式の第2項と第3項について，各々定義より，

$$p_A X_A + p_B X_B + p_C X_C = R_X, \ p_A + p_B + p_C = 1$$

これらを代入してまとめると，

$$\sigma_X^2 = (p_A X_A^2 + p_B X_B^2 + p_C X_C^2) - R_X^2$$

という簡易な公式が導けます。X株の分散は，

$$\sigma_X^2 = 0.4 \times 10^2 + 0.3 \times 20^2 + 0.3 \times (-5)^2 - 8.5^2 = 40 + 120 + 7.5 - 72.25 = 95.25$$

と簡単な計算で，第6週で求めたのと同じ値が得られます。

　共分散についても，定義式を展開して簡易な公式を導けます。

$$Cov(X, Y) = p_A(X_A - R_X)(Y_A - R_Y) + p_B(X_B - R_X)(Y_B - R_Y) + p_C(X_C - R_X)(Y_C - R_Y)$$

$$= p_A(X_A Y_A - X_A R_Y - Y_A R_X + R_X R_Y) + p_B(X_B Y_B - X_B R_Y - Y_B R_X + R_X R_Y)$$
$$+ p_C(X_C Y_C - X_C R_Y - Y_C R_X + R_X R_Y)$$

$$= (p_A X_A Y_A + p_B X_B Y_B + p_C X_C Y_C) - R_Y(p_A X_A + p_B X_B + p_C X_C)$$
$$- R_X(p_A Y_A + p_B Y_B + p_C Y_C) + R_X R_Y(p_A + p_B + p_C)$$

$$= (p_A X_A Y_A + p_B X_B Y_B + p_C X_C Y_C) - R_X R_Y$$

計算が大分楽になったと感じるでしょう。試しに第6週で使った数値を入れて計算してみてください。正解は「-45」です。

2 銘柄分散の標準偏差

　ここから，X株とY株に銘柄分散したときのポートフォリオ標準偏差を求め

ますが，最初に公式を出しておきます。

$$\sigma_{XY}^2 = w_X^2 \sigma_X^2 + (1-w_X)^2 \sigma_Y^2 + 2w_X(1-w_X) \, Cov\,(X,Y) \qquad (A-4)$$

これが2銘柄投資の分散を表す公式で，その正の平方根が標準偏差です。構造を見ておくと，右辺第1項がX株単独の投資ウエイトの2乗と分散の積，同第2項がY株単独の投資ウエイトの2乗と分散の積です。ここまでだと分散（リスク）の加重平均とさほど変わりありません。注目すべきは第3項，各ウエイトと共分散の積が2倍されて加わっています。銘柄分散のリスク低減効果が表れるのはこの部分です。

では，多少面倒なプロセスですが，（A−4）を導出しましょう。

実はX株やY株に単独投資する場合のリスクを定式化したときとまったく同じ考え方をするのです。つまり将来起こり得る状況（A〜C）において，ポートフォリオ・リターン；$R_{XY} = w_X R_X + (1-w_X) R_Y$ （A−1）とX株Y株の収益率加重平均；$w_X X_A + (1-w_X) Y_A$ （状況Aにおける加重平均），$w_X X_B + (1-w_X) Y_B$ （状況Bにおける加重平均），$w_X X_C + (1-w_X) Y_C$ （状況Cにおける加重平均）との偏差を2乗して各生起確率で加重します。すなわち，

$$\begin{aligned}
\sigma_{XY}^2 = {} & p_A[\{w_X X_A + (1-w_X) Y_A\} - \{w_X R_X + (1-w_X) R_Y\}]^2 \\
& + p_B[\{w_X X_B + (1-w_X) Y_B\} - \{w_X R_X + (1-w_X) R_Y\}]^2 \\
& + p_C[\{w_X X_C + (1-w_X) Y_C\} - \{w_X R_X + (1-w_X) R_Y\}]^2
\end{aligned}$$

以下の導出プロセスに決まった順序はありませんが，次に例えば［ ］内をXとYそれぞれのウエイトで整理すると，

$$\begin{aligned}
\sigma_{XY}^2 = {} & p_A[w_X(X_A - R_X) + (1-w_X)(Y_A - R_Y)]^2 \\
& + p_B[w_X(X_B - R_X) + (1-w_X)(Y_B - R_Y)]^2 \\
& + p_C[w_X(X_C - R_X) + (1-w_X)(Y_C - R_Y)]^2
\end{aligned}$$

こうしておいて2乗を展開します。

$$\sigma_{XY}^2 = p_A\big[w_X^2(X_A-R_X)^2+(1-w_X)^2(Y_A-R_Y)^2+2w_X(1-w_X)(X_A-R_X)(Y_A-R_Y)\big]$$
$$+ p_B\big[w_X^2(X_B-R_X)^2+(1-w_X)^2(Y_B-R_Y)^2+2w_X(1-w_X)(X_B-R_X)(Y_B-R_Y)\big]$$
$$+ p_C\big[w_X^2(X_C-R_X)^2+(1-w_X)^2(Y_C-R_Y)^2+2w_X(1-w_X)(X_C-R_X)(Y_C-R_Y)\big]$$

そして「X株投資ウエイトの2乗」「Y株投資ウエイトの2乗」「残り」の各項に整理します。

$$\sigma_{XY}^2 = w_X^2\big[p_A(X_A-R_X)^2+p_B(X_B-R_X)^2+p_C(X_C-R_X)^2)\big]$$
$$+ (1-w_X)^2\big[p_A(Y_A-R_Y)^2+p_B(Y_B-R_Y)^2+p_C(Y_C-R_Y)^2\big]$$
$$+ 2w_X(1-w_X)\big[p_A(X_A-R_X)(Y_A-R_Y)+p_B(X_B-R_X)(Y_B-R_Y)$$
$$+ p_C(X_C-R_X)(Y_C-R_Y)\big]$$

第1項の［　］内はX株の分散，第2項［　］内はY株の分散，そして第3項［　］内は上で定義した共分散になっています。書き改めれば（A−4）が導出されます。その正の平方根が標準偏差です。

　銘柄分散において銘柄選択以外に個人がコントロールできるのは，各銘柄の投資ウエイトだけです。それによって自分にとって最適なリターン＆リスクが選択可能です。例えば最小分散ポートフォリオを実現する投資ウエイトは，第5週・6週で使ったX株の分散（95.25）とY株の分散（21.6），両銘柄の共分散（-45）を（A−4）に代入し，右辺を投資ウエイトで微分してイコールゼロと置きます。XとYの単独投資から比率を変化させるとリスクは低下しますが，最初大きかった低下幅は徐々に小さくなり，途中で増大に転じます。微分した値がゼロになったウエイト（約0.452）が最小分散を実現する投資比率です。この値を改めて代入すると，標準偏差は約1.896％となります。リターン5.449％との組み合わせが，**最小分散ポートフォリオ**です。

3．一般化されたポートフォリオ理論

　2銘柄分散におけるリターンとリスクが定式化できたので，より一般的なポ

ートフォリオ理論へと話を拡張していきます。

2銘柄分散の相関係数

相関係数の定義式である（A－3）より共分散は，

$$Cov\,(X,Y)=\rho_{XY}\sigma_X\sigma_Y$$

と書き換えられます。これをX株とY株から成る2銘柄ポートフォリオの分散
（A－4）に代入すると，

$$\sigma_{XY}^2=w_X^2\sigma_X^2+(1-w_X)^2\sigma_Y^2+2w_X(1-w_X)\rho_{XY}\sigma_X\sigma_Y \qquad （A－4）'$$

になります。ここで相関係数に関して場合分けした結果を示したのが図A－1
です。

まず完全相関のケースです。XとYの収益率変動が1対1で相関している場
合ですね。このときの数値「$\rho_{XY}=1$」を（A－4）'に入れて因数分解すると，
$\sigma_{XY}^2=\{w_X\sigma_X+(1-w_X)\sigma_Y\}^2$，です。標準偏差を求めるために平方根を取りま
す。マイナスのリスクはとりあえず想定していないので，正の平方根だけとい
うことになります。

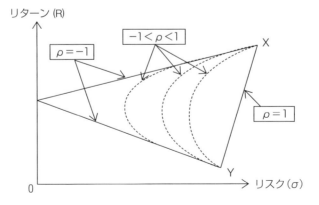

図A－1　2銘柄分散；相関係数別のリスク&リターン

$$\sigma_{XY} = w_X \sigma_X + (1 - w_X) \sigma_Y \qquad (\text{A}-\text{a})$$

図Ａ－１の直線ＸＹで表される（Ａ－a）は単なる加重平均です。そこにリスク分散（低減）効果は認められません。

　もうひとつの極端な場合である**負の完全相関**，すなわちＸとＹの収益率変動に正反対の相関がある場合について，「$\rho_{XY}=-1$」を（Ａ－4）'に入れて因数分解します。標準偏差は２つに分かれます（ただし正の値を取る範囲のみ→「非負」のケース）。

$$\sigma_{XY} = w_X \sigma_X - (1 - w_X) \sigma_Y \geq 0 \qquad (\text{A}-\text{b})$$

$$\sigma_{XY} = -w_X \sigma_X + (1 - w_X) \sigma_Y \geq 0 \qquad (\text{A}-\text{c})$$

どちらも完全相関のときと同じように投資比率につれて直線的な変化をみせますが，傾きが真逆です。**図Ａ－１**に示されたように，比率を変化させるとリスクはゼロまでリターンに比例して減少，そこで片方からもう片方に入れ替わって，リスクはＶ字のごとく反転上昇します。これが最大の分散効果が出せるケースです。

　残りは，それ以外のより一般的な場合（$-1 < \rho_{XY} < 1$）です。便利な因数分解はできないので，そのままルートで表しましょう（ただし非負）。

$$\sigma_{XY} = \sqrt{w_X^2 \sigma_X^2 + (1 - w_X)^2 \sigma_Y^2 + 2 w_X (1 - w_X)^2 \rho_{XY} \sigma_X \sigma_Y} \qquad (\text{A}-\text{d})$$

図Ａ－１では中間３本の曲線で表現していますが，ポートフォリオ標準偏差 σ_{XY} は w_X 低下で最初減少しますが減少率は逓減，上昇に転じた後に上昇率が逓増していきます。相関係数が１に近いほど（Ａ－a）に近くなり，－１に近いほど（Ａ－b）と（Ａ－c）に近くなります。

３銘柄（X, Y, Z）への拡張，および一般化

　より効果的なリスク低減や自分にとって最適な（理想的なリターン＆リスクを実現する）ポートフォリオを組成するために，可能であれば３銘柄以上への分散

が望ましいでしょう。それには，ここまで述べてきたポートフォリオ理論の拡張が必要です。

　まず3銘柄分散ですが，X株とY株の2銘柄ポートフォリオを一個の合成資産XYとみなします。そして合成資産XYと第3の資産Z株とで銘柄分散をすると考えれば，今まで学んだことが応用できます。

　ただし違うのは，3銘柄分散で達成可能になるリターン＆リスクが，2銘柄のときの線（→図Ａ－1）ではなく面で示された集合になるということです。なぜなら，合成資産XYが分散比率を細かく変えることで無数のリターン＆リスクのパターンを生み出せ，その無数パターンと第3銘柄Zとの間で無数の線が引けるからです。無数の線の組合せは面となり，実現可能なリターン＆リスクの範囲を示します。

　さらに3銘柄ポートフォリオの「面」と第4銘柄のリターン＆リスクの「点」との間で無数の線を引くこともできます。あとは同様に対象銘柄を増やしていけば，実現可能なポートフォリオの範囲を拡大できるわけです。

　図Ａ－2は便宜的に5銘柄分散のケースを描いていますが，N銘柄の場合も考え方は同じです。形状からポートフォリオの傘（アンブレラ）と呼ばれ，図形の内側が実現可能なリターン＆リスクの集合体です。ここでZ点が上で説明した最小分散ポートフォリオです。

　資産運用は流動性など多くの指標で計測され，本来3次元以上のポートフォリオ表示がされるべきですが，第一次接近としてはリターンとリスクの2変数に限った（その意味でもっとも単純な）分析を以下では行います。これを2パラメータ・アプローチと言います。

期待効用とリスクタイプ

　本節の後半は，投資する側にとっての最適ポートフォリオとは何かというテーマでお話します。そこで，個人にとっての最適な投資配分はリスクに対するタイプあるいは許容度によって異なるということを，もう一度掘り下げて考察しましょう。

| 図A－2 | ポートフォリオ・アンブレラ；多数銘柄分散 |

まずリスク回避型は，リターンが同じならリスクが小さい投資先を選択すると簡単に述べてきましたが，これは同一リターンであればリスクが小さいほど効用が大きくなることを意味します。この効用について，以下2パラメータ・アプローチの枠組みによって定式化します。

効用の定式化は2種類あります。ひとつは**効用曲線**による定式化です。図A－3は，リスク回避タイプもしくは限界効用逓減型の効用曲線を例示しています。リターンが低い水準ではその上昇が効用を急激に高めますが，同じリターン上昇に対する効用上昇幅（限界効用）は次第に低下していきます（→ 第10週）。

ここで収益率5％と15％を各々確率50％で実現する「株式X」と，収益率10％を確率100％で実現する「国債S」を例にします。どちらもリターンは10％ですが，リスク（標準偏差）は国債Sが0％なのに対してX株は5％です。国債Sへの投資から得られる効用はそのままU(10)と表記され，曲線上の1点で示されます。一方，X株投資の効用は50％の確率でU(15)ですが，残り50％の確率でU(5)であり，2つの平均によって表されます。これが**期待効用**$E(U_x)$です。限界効用逓減型の効用曲線がリスク回避タイプを表すというのは，図A－3に示されたように，

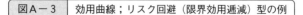

図A−3	効用曲線；リスク回避（限界効用逓減）型の例

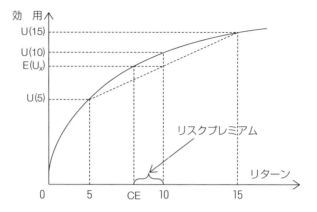

$$U(10) > E(U_X) = 0.5U(15) + 0.5U(5)$$

すなわち不確実なリターン10％よりも確実なリターン（利回り）10％の方が高い効用を実現するからです。

　ちなみにX株の期待効用と同じ水準の効用を実現する確実なリターン（利回り）のことを**確実性等価**（CE, Certainty Equivalent）と言います。このCEとリターン10％の開きこそが，リスクを取ることの見返りとして求められるリスクプレミアムです。

　もうひとつの効用定式化は無差別曲線によるものです。この場合の無差別曲線とは，同一効用を実現するリターンとリスクの組合せです。１本の無差別曲線上のあらゆる点は等しい効用水準を表し，「どこを取っても同じ」という意味で「無差別」なのです。いま１本の無差別曲線をU（R）と表現します。任意のリターンRがもたらす効用ということで上の数値例を当てはめて，

$$U(15) > U(10) > U(5)$$

とします。これを示したものが**図A−4**で，水平方向にみると，同一リターンの効用はリスクが増加するにつれU（15）→U（10）→U（5）と低下していること

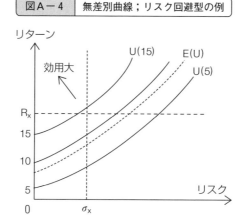

がわかります。垂直方向では，同一リスクなら効用はリターンが増加するにつれ $U(5) \to U(10) \to U(15)$ と上昇していることがわかります。実は，垂直方向に関しては中立・愛好型も同じです。水平方向に観られる特徴がリスク回避タイプを表しています。この右上がりのリスク回避タイプの無差別曲線を使って，最適ポートフォリオについて考察します。興味のある方は他のタイプについても（参考）で確認してください。

【参考】「リスク中立」と「リスク愛好」の定式化

リスク中立型は，同一リターンならリスクの大小にかかわらず効用一定というタイプです。またリスク愛好型は，同一リターンならリスクが大きいほど効用が大きいというタイプです。以下にそれぞれ効用曲線と無差別曲線の形状を示しました。次の最適ポートフォリオの理論に当てはめて考えるとおもしろいかもしれません。

有効フロンティアと最適ポートフォリオ

危険タイプにとって合理的な選択範囲を限定したポートフォリオを，有効フロンティアもしくは効率的フロンティアと言います。図A－2において曲線X

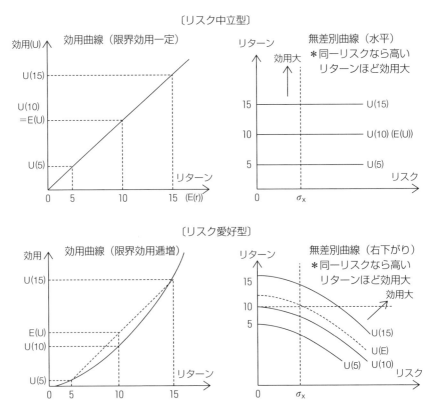

〔リスク中立型〕

効用曲線（限界効用一定）

無差別曲線（水平）
＊同一リスクなら高い
　リターンほど効用大

〔リスク愛好型〕

効用曲線（限界効用逓増）

無差別曲線（右下がり）
＊同一リスクなら高い
　リターンほど効用大

ＺＹは、（横方向に見て）同一のリターンに対し最小のリスクを実現するポート
フォリオです。リスク回避型はこれ以外選択しないというわけです。さらに下
方のＹＺ部分は、同一リスクでより高いリターンを実現するポートフォリオＸ
Ｚより効用が低くなるため対象から外れます。残った曲線ＸＺが有効（効率的）
フロンティアです。この範囲で個々人の効用が最大となるリターンとリスクの
ペアこそが、最適ポートフォリオになります。

　図Ａ－２のポートフォリオ・アンブレラに図Ａ－４の無差別曲線を重ねます
（図Ａ－５）。無差別曲線の効用大小関係は$A>B>C$、曲線Ａは一番高い効用
ですが、有効フロンティアＸＺと共有点がなく実現できません。曲線Ｃは共有

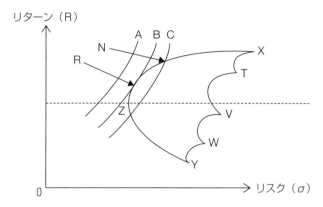

図A−5 危険資産だけの最適ポートフォリオ

点Nを持ちますが，曲線Bの共有点（接点）ほど高い効用は実現できません。実現可能な中で最大の効用をもたらす無差別曲線（B）と有効フロンティアXZとの接点（R）が**最適ポートフォリオ**です。

　アセット・アロケーション（第6週）では，割合は人によりますが，一定の債券等安全資産を加えるのが望ましいとしました。その理由は以下に説明できます。

　有効フロンティアXZ上の1点と，無リスクで一定の利回りが確保された安全資産（S）との合成を考えます。XZ上の1点とは，S点から伸ばした接線との接点（P）です。接点Pはリスク資産100％なので，危険資産ポートフォリオと呼びます。このPとSとの間で配分を考えます。この直線SP（負債を利用すれば上方に延長できるが略）を**資本配分線**（CAL; Capital Allocation Line）と言います。安全資産を含んだ最適ポートフォリオQは，無差別曲線とCALとの接点に決まります。理由は危険資産だけのときと同じです。もちろん資産配分はCALより下方の例えばSL上でも可能ですが，実現効用はCAL上よりも必ず低くなります。またP点以外では危険資産だけよりも高い効用が実現されます。株式だけでなく債券も保有する意義が見い出せるでしょう。

　無リスク資産を含めたポートフォリオ選択で，危険資産ポートフォリオPの

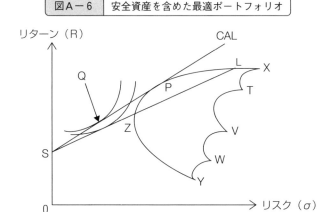

| 図A－6 | 安全資産を含めた最適ポートフォリオ |

決定と，リスク資産と無リスク資産の最適配分Qに関する決定はそれぞれ独立して行われます。これを**トービンの分離定理**と言います。

4．CAPM（キャップ・エム）と市場均衡

CAPM（Capital Asset Pricing Model）とは

　ここまでは個別投資家による最適化行動について考察しました。その最適化行動を前提として，対象を証券市場全体に拡大します。

　CAPM（資本資産価格モデル）では，投資家の最適化行動を集計した市場全体において，個別証券リターンが**市場ポートフォリオ**（全市場銘柄から構成，TOPIXや日経平均株価などで代用）のリターンに連動すると考えます。そして個別証券リターンが β（ベータ）という市場全体の変動という単一のリスク要因で説明できるとしています。β は以下の通り定義されます。

$$\beta_1 = \frac{Cov\,(i, M)}{\sigma_M^2} = \frac{資産 i と市場ポートフォリオとの共分散}{市場ポートフォリオの分散}$$

相関係数と似ていますが，分母が市場全体のリスクになっている点に特徴があります。市場ポートフォリオに対する個別証券リターンの感応度と言い換える

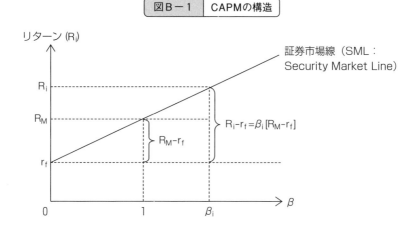

図B－1　CAPMの構造

ことも可能でしょう。

　CAPMは，安全資産金利 r_f，個別資産 i のリターン R_i，個別資産 i に固有の β_i，市場ポートフォリオ・リターン R_M，市場ポートフォリオ・リスク σ_M とすると，次式のように定義されます。

$$R_i = r_f + \beta_i (R_M - r_f) \qquad (\text{B}-1)$$

その構造を示したのが**図B－1**です。右上がりの直線は市場均衡を表しており，証券市場線（SML）と言います。

　資産 i のリターンは，安全資産金利 r_f とリスクプレミアム（$R_i - r_f$）の合計である点は理解できると思いますが，そのリスクプレミアムが「$(R_M - r_f) \times \beta_i$」という形になっているところにCAPMの特徴があります。

ジェンセンのαとβ戦略

　CAPMで導かれる均衡リターン R_i と実際の予想リターン R_i^e との乖離幅を「ジェンセンの α」と呼んでいます（$\alpha = R_i^e - R_i$）。たとえばTOPIX等を用いて算出した R_M や σ_M を，個別銘柄 i について算出された β_i および R_i から当該銘柄が割高か割安かを判断するのが β 戦略です。

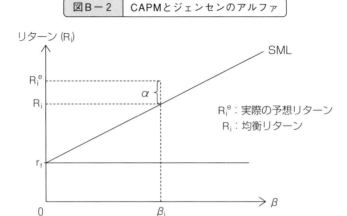

図B－2　CAPMとジェンセンのアルファ

$\alpha > 0$ のとき，

$$R_i = r_f + \beta_1[R_M - r_f] < R_i^e = \frac{D_{i1} + P_{i1} - P_{i0}}{P_{i0}} \times 100$$

実際の予想リターンが均衡リターンを上回っており，これは株価 P_{i0} が過小評価されているからで，割安銘柄 i を買付けるべきと判断します。その結果，株価 P_{i0} は上昇してCAPMで表される均衡値に収束します。反対（$\alpha < 0$）の場合は，逆の行動でやはり均衡が実現します。

CAPMの導出

CAPMには，前提となるいくつかの諸仮定があります。
1）市場を構成する投資家は全員がリスク回避タイプです。
2）投資家は資金を安全資産と危険資産にアロケーションします。
ここまではとくに無理はないですが，ここからはやや厳しい内容です。
3）すべての投資家は将来収益率に対して同じ期待を形成しています。
4）極微細な金額からの分散投資が可能です（微分するには必要）。
5）投資のための貸借も無制限にできるものとします。
6）運用収益は非課税であり，他のコストもまったくかからないとします。

　7）投資に必要な全情報を全投資家が持っています（完全情報）。

　8）個々の投資家による売買行動は価格に影響しません（完全競争）。

以上に加えて，**市場ポートフォリオ**（リターンR_M，リスクσ_M）は，取引可能な全危険資産から成る危険資産ポートフォリオと定義されます。

　ここで危険資産への投資比率aとすると，ポートフォリオ・リスクσ_p，およびポートフォリオ・リターンR_pは，

$$R_p = aR_M + (1-a)r_f = r_f + a(R_M - r_f) \qquad \text{(B-2)}$$

$$\sigma_p = a\,\sigma_M \qquad \text{(B-3)}$$

と定義されます。（B-3）より$a = \dfrac{\sigma_p}{\sigma_M}$を（B-2）に代入すれば，

$$R_p = r_f + \sigma_p \frac{R_M - r_f}{\sigma_M} \qquad \text{(B-4)}$$

これが資本配分線（CAL），すなわち傾きが$(R_M - r_f)/\sigma_M$，切片r_fのリターンR_pとリスクσ_pの組合せです。

　次に**結合ポートフォリオ**（GPG'）という概念を導入します。結合ポートフォリオは，G（個別資産iだけの点）と市場ポートフォリオPとの間で分散投資を行ったときのポートフォリオと定義されます。そこでP点は資産iを含むけれど，G'点は資産iをまったく含まないものとします。そしてP点はGPG'の中でリスクに対するプレミアムの比率がもっとも高い（効率的である）こと，GPG'はP点で有効フロンティアＺＸおよび資本配分線CALの両方に接する（同じ傾きである）という特徴を持っています。

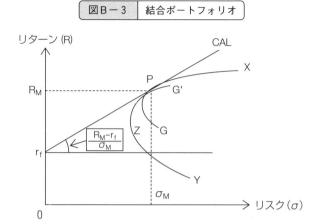

図B-3　結合ポートフォリオ

以上，お膳立てが整ったところでCAPM導出を始めましょう。

結合ポートフォリオにおける資産iの投資比率をx_i，市場ポートフォリオの投資比率を$(1-x_i)$，（表記簡略化のため）共分散：$cov(i, M) = \sigma_{iM}$とすると，

$$\text{GPG'リターン：} R = x_i R_i + (1 - x_i)R_M \tag{B-5}$$

$$\text{GPG'リスク：} \sigma = \sqrt{x_i^2 \sigma_i^2 + (1-x_i)^2 \sigma_M^2 + 2x_i(1-x_i)\sigma_{iM}} \tag{B-6}$$

と定義されます。曲線GPG'の傾きは，GPG'リターンをGPG'リスクで微分することによって求められます。比率x_iが微細に変化したときのσの変化に対するリターンRの変化の比ということで，

$$\frac{dR}{d\sigma} = \frac{dR/dx_i}{d\sigma/dx_i} = \frac{R_i - R_M}{\dfrac{x_i(\sigma_i^2 + \sigma_M^2 - 2\sigma_{iM}) + \sigma_{iM} - \sigma_M^2}{\sigma}} \tag{B-7}$$

〔⇒ 次頁の数学付録参照〕

P点における$\sigma = \sigma_M$，$x_i = 0$を（B-7）に代入すると，

$$\frac{dR}{d\sigma} = \frac{(R_i - R_M)\sigma_M}{\sigma_{iM} - \sigma_M^2} \tag{B-8}$$

（B−8）で与えられるP点の傾きは，結合ポートフォリオの定義から（B−4）で与えられるCALの傾きと等しくなります。

$$\frac{(R_i-R_M)\sigma_M}{\sigma_{iM}-\sigma_M^2}=\frac{R_M-r_f}{\sigma_M} \text{ よって，} R_i=r_f+\frac{\sigma_{iM}}{\sigma_M^2}(R_M-r_f) \quad (B-9)$$

ここで，$\frac{\sigma_{iM}}{\sigma_M^2}=\frac{Cov(i,M)}{\sigma_M^2}=\beta_i$ に置き換えれば，CAPMを表す（B−1）が導かれることとなります。

【数学付録】（B−7）右辺分母の導出

σ の平方根の中を u と置き換えます。

$$x_i^2\sigma_i^2+(1-x_i)^2\sigma_M^2+2x_i(1-x_i)\sigma_{iM}=u$$

そうすると，$\sigma=\sqrt{u}=u^{\frac{1}{2}}$

公式に従い，$\frac{d\sigma}{du}=\frac{1}{2}u^{-\frac{1}{2}}=\frac{1}{2}\times\frac{1}{\sqrt{u}}=\frac{1}{2\sigma}$ ，$\frac{d\sigma}{dx_i}=\frac{d\sigma}{du}\times\frac{du}{dx_i}=\frac{1}{2\sigma}\times\frac{du}{dx_i}$ （①）

u を元に戻して展開すると，

$$u=x_i^2\sigma_i^2+\sigma_M^2-2x_i\sigma_M^2+x_i^2\sigma_M^2+2x_i\sigma_{iM}-2x_i^2\sigma_{iM} \qquad (②)$$

（②）を x_i で微分すれば，

$$\frac{du}{dx_i}=2x_i\sigma_i^2-2\sigma_M^2+2x_i\sigma_M^2+2\sigma_{iM}-4x_i\sigma_{iM}$$
$$=2x_i(\sigma_i^2+\sigma_M^2-2\sigma_{iM})+2\sigma_{iM}-2\sigma_M^2 \qquad (③)$$

（③）を（①）の $\frac{du}{dx_i}$ に代入すると，

$$\frac{d\sigma}{dx_i}=\frac{2[x_i(\sigma_i^2+\sigma_M^2-2\sigma_{iM})+\sigma_{iM}-\sigma_M^2]}{2\sigma}$$
$$=\frac{x_i(\sigma_i^2+\sigma_M^2-2\sigma_{iM})+\sigma_{iM}-\sigma_M^2}{\sigma}$$

（B−7）右辺分母が導かれました。

文献案内〜さらなる学習のガイドとして〜

　本テキストは，大学1年生を主な対象として「ゼロからのスタート」を意識し，また半期15回の授業でひと通りの学習を完了させることを想定しているために，初歩の内容を非常にコンパクトにまとめています。

　そこで金融ファイナンスあるいは実践的な金融リテラシーの知識をさらに深めたいという人に推薦する文献20冊を，テーマ別に掲げておきます。

実践的な金融リテラシーを深く広く学ぶ

阿部圭司・小澤伸夫・木下康彦『ファイナンシャル・リテラシー［第三版］』同文舘，2019年

上村協子・藤野次雄 他『生活者の金融リテラシー』朝倉書店，2019年

奥田真之・大藪千穂『はじめての金融リテラシー』昭和堂，2018年

幸田博人・川北英隆『金融リテラシー入門 応用編』金融財政事情研究会，2021年（本書との連続性ということで「応用編」を挙げますが「基礎編」もあります）

証券・ファイナンスの知識を深め広げる

内田交謹『コーポレート・ファイナンス［第三版］』創成社，2021年

釜江廣志『入門証券市場論［第三版補訂］』有斐閣，2015年

鯖田豊則『会計・ファイナンス入門［第3版］』税務経理協会，2020年

俊野雅司・白須洋子・時岡規夫『ファイナンス論・入門』有斐閣，2020年

仁科一彦『現代ファイナンス理論入門』中央経済社，1997年

金融・保険の知識を深め広げる

植田宏文・丸茂俊彦・五百旗頭真吾『エッセンシャル　金融論』中央経済社，2015年

下和田功『はじめて学ぶリスクと保険［第4版］』有斐閣，2014年

福田慎一『金融論［新版］』有斐閣，2020年

藤木裕『入門テキスト　金融の基礎』東洋経済新報社，2016年

家森信善編『はじめて学ぶ保険のしくみ［第3版］』中央経済社，2020年

吉野直行・山上秀文『金融経済　実際と理論』慶應義塾大学出版会，2013年

貨幣・金融システムで研究テーマを探す

中島真志『仮想通貨vs.中央銀行』新潮社，2020年

降旗節雄・佐々木隆治『貨幣の謎を解く［新版］』白順社，2020年

諸富徹『資本主義の新しい形』岩波書店，2020年

A・スミス『国富論（上）（下）（講談社学術文庫）』講談社，2020年

L・ランダル・レイ『MMT現代貨幣理論入門』東洋経済新報社，2019年

索　引

《著者紹介》

西垣鳴人（にしがき・なるんと）

名城大学経営学部・同大学院経営学研究科 教授
名古屋大学経済学部助手（1996年），岡山大学経済学部助教授（1999年），
同大学院社会文化科学研究科教授（2007年）等を経て，2019年より現職
生活経済学会理事（2013〜2019年，2021年〜）
学位 博士（経済学，名古屋大学）

【主要著作】

『令和日本の金融システム』（単著，2021年）
『入門テキスト 現代韓国経済』（共著，2014年）
『ポストバンク改革の国際比較』（単著，2013年，以上 柏植書房新社）
『ディレギュレーション時代の公的金融』（単著，2003年，御茶の水書房）

（検印省略）

2022年4月10日　初版発行　　　　　　　　略称：ファイナンス

ゼロからスタート
ファイナンス入門

著　者　西 垣 鳴 人
発行者　塚 田 尚 寛

発行所　東京都文京区　　**株式会社 創 成 社**
　　　　春日2−13−1

電　話 03（3868）3867　　Ｆ Ａ Ｘ 03（5802）6802
出版部 03（3868）3857　　Ｆ Ａ Ｘ 03（5802）6801
http://www.books-sosei.com　振　替 00150-9-191261

定価はカバーに表示してあります。

©2022 Narunto Nishigaki　　組版：でーた工房　印刷：エーヴィスシステムズ
ISBN978-4-7944-2600-0 C3034　製本：エーヴィスシステムズ
Printed in Japan　　　　　　落丁・乱丁本はお取り替えいたします。